KB266244

오늘부터 바로 써먹는
Ai 보험영업
활용법

오늘부터 바로 써먹는
Ai 보험영업 활용법

초판	1쇄 인쇄 2026년 3월 22일
초판	1쇄 발행 2026년 3월 30일

지은이	조대수
펴낸곳	재노북스
편집	윤서아
내지디자인	김선화, 김성희, 홍시
표지디자인	김성희, 홍시
마케팅 및 해외출간	이시은, 송민호
작가컨설팅	윤서아
출판등록	2022년 4월 6일 제2023-000076호
주소	서울특별시 금천구 가산디지털1로 205-27 에이원빌딩 1126, 1127, 1128호
대표전화	02-830-5620
팩스	0504-192-6512
이메일	dasolthebest@naver.com
홈페이지	https://zenobooks.co.kr
블로그	https://blog.naver.com/zeno_books

ISBN 979-11-94868-46-0 (13320) 28,000원

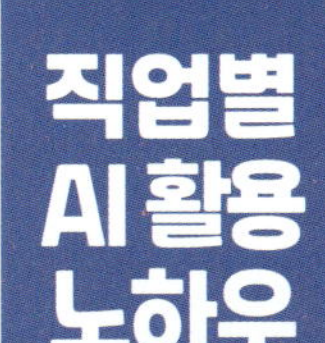

오늘부터 바로 써먹는

AI 보험영업 활용법

• 대수굿쌤의 AI활용 실전 프롬프트 67가지 •

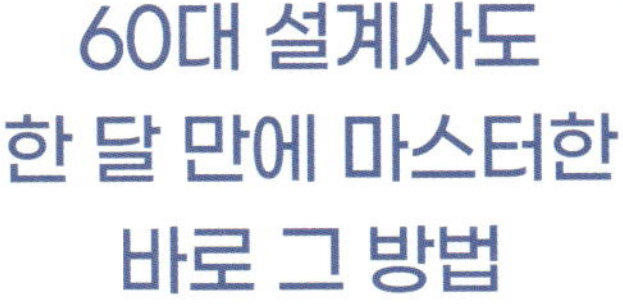

조대수 지음

위대한 일을 하는 유일한 방법은
당신의 일을 사랑하는 것입니다.

— 스티브 잡스 —

조
대
수

강사, 작가, 상담가, 유튜버, 그리고 여전히 배우는 사람.

그는 오늘도 설계사들의 하루에 작은 빛 하나를 켜기 위해

글을 쓰고, 강의를 하고, 더 나은 내일을 준비한다.

산골 함백에서 자라며 세상의 매서움과 사람의 따뜻함을 동시에 배운 그는, 어른이 되어 삼성화재에서 20년 동안 법인영업과 조직관리, 고능률 육성 전문가로 성장했다. 단장(부장)으로 퇴임하기까지 수많은 기업과 사람의 인생에 스며들며, 보험이라는 직업이 단순한 경제 활동이 아닌 삶을 지켜주는 마음의 산업임을 체득했다.

이후 그는 멈추지 않았다. 인생 2막에서 그는 다시 공부했고, 상담심리학 석사 과정을 지나 박사과정에 들어섰으며, 마음을 다독이고 웃음을 피우게 하는 강의로만 3천 회 이상 무대를 채웠다.

그의 강의는 늘 "재미없으면 강의가 아니다"라는 신념으로 움직인다. 힐링 인문학, 스트레스 관리, 세일즈 심리학, 회복탄력성, 리쿠르팅, 글쓰기와 그림책 코칭까지 — 세상과 소통하는 모든 장면을 그는 따뜻한 언어로 풀어낸다. 또한 한국보험신문 칼럼 '조대수의 사이다 화법'을 통해 현장의 생생한 통찰을 건네며, 유튜브 〈대수굿TV〉에서는 설계사의 삶에 꼭 필요한 실전 지혜를 직관적이고 유머러스하게 전하고 있다.

그는 지금, 시대의 흐름이 바뀌는 지점을 누구보다 가까이에서 본다. 생성형 AI가 등장하고, 보험영업의 언어와 방식이 달라지기 시작했다. 많은 이들이 막막함을 느끼는 그 자리에서, 그는 다시 자신이 걸어온 경험과 심리학적 기반을 꺼내 들었다. 그리고 설계사들이 흔들리지 않고 미래로 나아갈 수 있도록 AI 시대 보험영업의 기초부터 차근차근 다져주는 책을 집필했다.

이 책은 단순한 사용설명서가 아니다.

20년의 법인영업 현장, 12년의 교육사업, 3천 회가 넘는 강의, 수많은 관공서 및 보험사 설계사·지점장·리더들과의 눈물과 웃음, 그리고 인간의 마음을 탐구해온 한 심리학자의 시선이 담긴 기록이다.

그는 말한다.

"AI가 보험인을 대신하는 것이 아니라, 당신이 더 빛날 수 있도록 뒤에서 밀어주는 조용한 동료가 되길 바란다"고.

추천사

✿ 하나손보 배성완 사장

보험영업의 본질은 기술이 아니라 사람이라는 사실을 우리는 너무 잘 알고 있다.
그러나 현장은 늘 바쁘고, 설계사들은 상담 외의 일들에 점점 더 많은 에너지를 소모하고 있다.
이 책은 AI라는 새로운 도구를 앞세우기보다, 설계사가 본연의 역할에 더 집중할 수 있도록 돕는 현실적인 해법을 제시한다.
AI가 영업을 대신하는 시대를 말하는 책이 아니다.
설계사의 시간을 지켜주고, 판단의 중심을 다시 사람에게 돌려주는 책이다.
보험산업이 앞으로 나아가기 위해 반드시 필요한 관점이 이 안에 담겨 있다.

✿ 에이플러스 에셋 황승목 대표

현장에서 설계사들을 만나면 가장 많이 듣는 말이 있다.
"일은 늘어나는데, 정작 고객에게 쓸 시간은 줄어든다"는 말이다.
이 책은 그 문제를 정확히 짚는다.
조대수 작가는 AI를 기술로 설명하지 않는다. 설계사의 하루 속에 자연스럽게 놓아준다.
카톡 한 줄, 상담 준비, 사후관리까지 실제로 쓰지 않으면 나올 수 없는 이야기들이다.
이 책은 'AI를 잘 쓰는 설계사'를 만들기보다 '설계사를 오래 가게 만드는 책'이다.
현장을 아는 사람이라면 분명히 공감하게 될 것이다.

✿ 삼성화재 유선영 단장

교육을 오래 하다 보면, 새로운 도구보다 설계사들의 마음이 먼저 닫혀 있는 경우를 자주 본다.
AI 역시 그중 하나였다.
이 책은 그 벽을 무너뜨린다. 어렵게 가르치지 않고, 겁주지 않는다.
"이 정도는 해도 된다"는 기준을 차분히 제시한다.
특히 인상 깊었던 점은 AI를 통해 영업 효율을 높이자는 이야기가 아니라, 설계사가 덜 지치고 오래 일할 수 있는 구조를 말한다는 점이다.
조직을 이끄는 리더라면 반드시 읽어봐야 할 책이다.

✿ KB손보 이종석 지점장

지점을 운영하다 보면 실적보다 더 중요한 것이 있다. 설계사 한 명, 한 명의 에너지와 지속성이다.
이 책은 바로 그 지점을 건드린다. AI를 쓰라고 등을 떠미는 책이 아니다.
"이건 써도 괜찮다"는 안심부터 준다. 그래서 현장 설계사들이 부담 없이 펼칠 수 있다.
지점 교육 교재로 써도 좋고, 신입 설계사에게 먼저 권해도 좋다.
AI 시대에 지점장이 설계사들에게 건넬 수 있는 가장 현실적인 안내서다.

✿ 한화생명 최세경 팀장

팀을 이끌다 보면, 설계사들이 영업이 아니라 '업무'에 지쳐가는 순간을 자주 본다.
이 책은 그 피로의 정체를 정확히 짚는다.
안부 톡, 갱신 문자, 상담 준비....
사소하지만 매일 반복되는 일들이 설계사의 에너지를 얼마나 갉아먹는지 현장을 아는 사람만이 쓸 수 있는 이야기다.
AI를 통해 팀원들이 조금 더 가볍게 일하고, 조금 더 고객에게 집중할 수 있다면 그 자체로 팀 성과는 달라진다.
이 책은 팀장에게도 큰 힌트를 준다.

✿ 한화손보 이우규 교육부장(CFP)

AI 교육을 진행할수록 느끼는 고민이 있다.
"어디까지 알려줘야 현장이 흔들리지 않을까?"라는 질문이다.
이 책은 그 균형을 정확히 잡아준다.
기술 설명에 매몰되지 않고, 설계사의 판단과 책임을 중심에 둔다.
그래서 교육 자료로 쓰기에도, 개인 학습용으로 읽기에도 부담이 없다.
AI 시대의 보험교육은 더 빠르게 가르치는 것이 아니라 더 안전하게 도와주는 것이라는 사실을 이 책이 분명히 보여준다.

나만 알고 싶은 AI 활용 보험영업 업무효율화

보험영업 현장에서 AI라는 단어를 들으면, 괜히 마음 한쪽이 먼저 무거워진다. 도움이 될 것 같기도 한데, 어디까지 믿어도 되는지 모르겠고, 괜히 손댔다가 더 복잡해질 것 같은 기분이 든다.

"이제 설계사는 필요 없어지는 거 아니야?"

"이거 잘못 쓰면 문제 생기는 거 아니야?"

누군가는 호기심으로 묻고, 누군가는 불안으로 묻는다. 그리고 대부분의 설계사들은 그 질문 앞에서 조용히 한 발 물러선다.

"나중에 시간 나면 한번 봐야지."

바쁜데 배워야 할 것 같고, 중요한 것 같긴 한데 실수할까 걱정되고, 결국 이렇게 미뤄진다. 이 책은 그런 마음에서 출발한다. AI로 보험을 대신 파는 이야기를 하려는 책이 아니다. 상담을 AI에게 맡기자는 이야기도 아니다.

이 책이 다루는 건 훨씬 현실적인 문제다. 설계사가 매일 반복하는 업무를 조금이라도 덜 힘들게, 덜 지치게 만드는 방법이다.

카톡 한 줄을 보내기 전에 말투가 괜히 마음에 걸려 다시 고치고, 갱신 안내 문장을 쓰다 "이렇게 보내도 괜찮을까" 고민하고, 상담 준비 자료를 정리하다 보면 정작 고객을 만날 에너지는 점점 줄어든다.

이렇게 쌓이는 피로는 영업이 힘들어서가 아니라 영업 외의 일들이 너무 많아서 생긴다.

AI는 바로 그 지점에서 도움이 된다. 내 판단을 대신해 주지는 않지만, 정리해 주고, 다듬어 주고, 초안을 만들어 준다. 그래서 설계사는 다시, 고객에게 집중할 수 있다. 고객의 이야기를 듣고, 불안을 이해하고, 결정을 함께 책임지는 일 말이다.

이 책은 어렵게 시작하지 않는다. 설계사들이 가장 자주 쓰는 것부터 한다. 안부 톡, 인사말, 상담 오프닝, 반대 멘트 대응, 갱신과 점검 안내.

"이건 오늘 바로 써먹겠다" 싶은 것들이다. 그 다음에 상담 준비, 법인영업, 그리고 나만의 AI 업무 환경으로 천천히 확장한다.

중요한 건 완벽하게 이해하는 것이 아니다. 한 번이라도 써보는 것이다. 처음에는 어색해도, 몇 번 쓰다 보면 AI는 어느새 '무서운 기술'이 아니라 '없으면 불편한 비서'가 된다.

이 책을 덮을 즈음, AI를 능숙하게 다루는 설계사가 되어 있지 않아도 괜찮다. 다만 이렇게 생각하게 된다면 충분하다.

"아, 이건 내가 계속 써도 되겠다."

"이건 나한테 도움이 된다."

AI는 설계사를 대신하지 않는다. 설계사의 시간을 되돌려줄 뿐이다. 그 시간을 어디에 쓸지는 여전히 당신의 몫이다. 이 책의 이야기는 한 사람의 오랜 현장에서 시작되었다.

산골 정선 함백에서 자라 세상의 거칠음과 사람의 온기를 함께 배운 한 보험인.

삼성화재에서 20년 동안 법인영업 현장을 누비며 수많은 기업과 사람의 인생을 곁에서 지켜본 그는 보험이 단순한 상품이 아니라 누군가의 삶을 버텨주는 언어라는 사실을 몸으로 배웠다.

퇴임 이후에도 그는 멈추지 않았다. 상담심리학을 공부하고, 수천 번의 강단에 서며 사람의 마음이 움직이는 순간을 연구했다. 그리고 지금, 생성형 AI라는 새로운 도구 앞에서 그는 다시 질문을 던진다.

"이 변화가 설계사들에게 짐이 아니라, 힘이 되게 할 수는 없을까."

이 책은 그 질문에 대한 조대수 작가의 대답이다. AI가 보험인을 대신하는 시대가 아니라, 보험인이 더 설계사답게 일할 수 있도록 뒤에서 밀어주는 조용한 동료가 되기를 바라는 마음.

그 진심이 이 책의 모든 페이지에 담겨 있다.

조대수 작가와 이 책을 함께 기획하고 엮는 과정은 사람과 사람, 경험과 경험이 이어지는 소중한 시간이었다. 그 여정에 기꺼이 마음을 내어주신 모든 분들께 진심 어린 감사를 전한다.

윤서아 편집장

CONTENTS

법인·사업자편 – 어렵다는 법인영업, AI로 첫발 떼기　117

▶ 법인영업이 처음일 때 – [질문 & 준비]　118

▶ 미팅 준비 & 제안서 – [실전 활용 28~35]　130

PART

보험영업인을 위한 AI 도구, 최소 세팅편　　157

▶ GPT 하나로도 충분히 돈 버는 구조 만들기　　158

▶ 처음 써보는 제미나이·캔바 딱 이 정도만 맛보기　　169

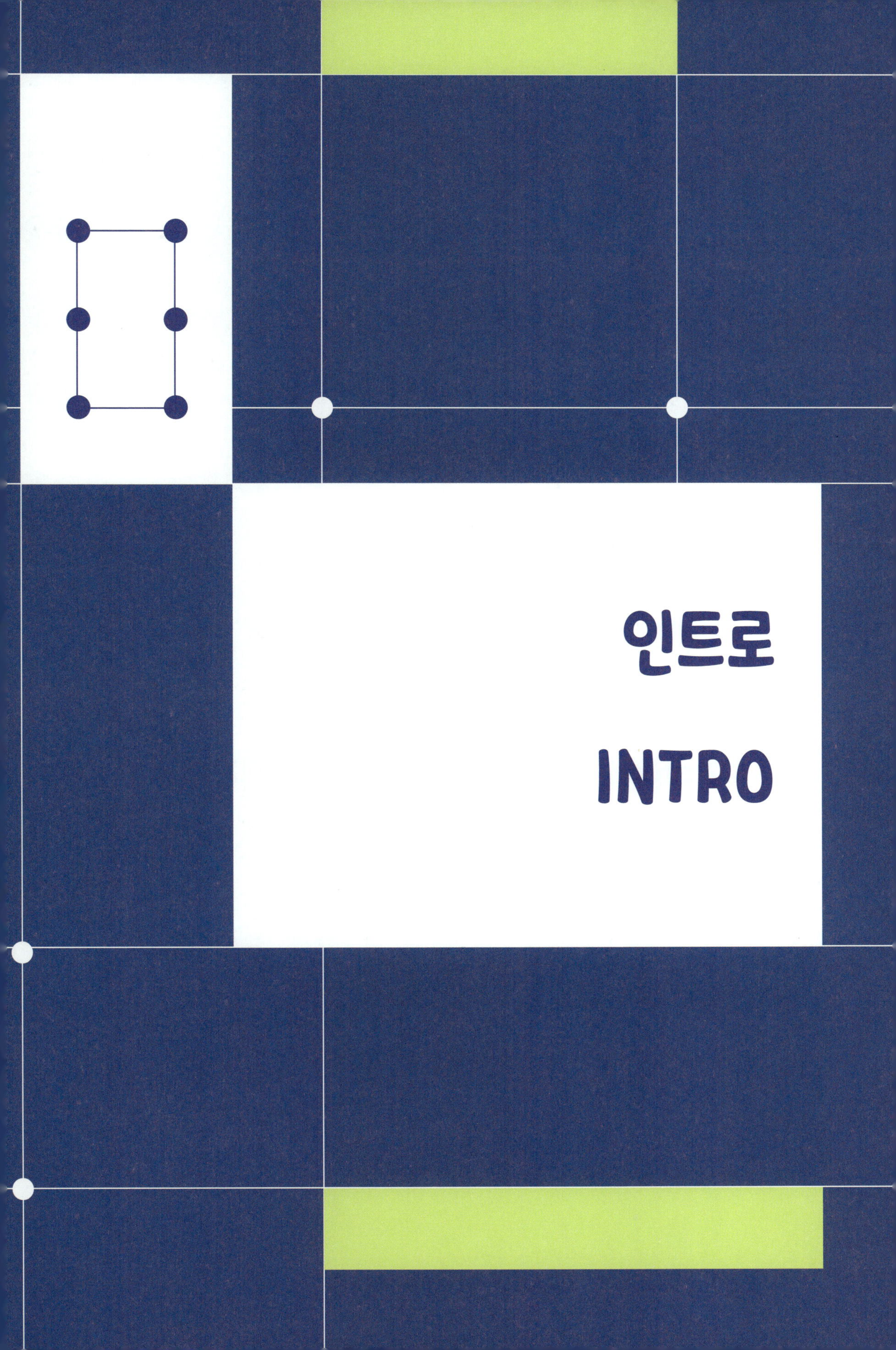

인트로

INTRO

이 책을 읽기 전에

대수쌤의 프롬프트 활용 가이드

이 책은 처음 AI를 만나는 독자도, 이미 써 본 독자도 길을 잃지 않도록 설계된 안내서입니다. 그래서 본문에 들어가기 전에, 이 책에서 반복해서 등장하는 핵심 용어를 먼저 정리하고 출발하려 합니다.

1. ChatGPT와 GPT, 헷갈리지 않게 정리합니다

이 책에서 사용하는 GPT는 인공지능 대화 도구 "ChatGPT"를 의미합니다.

- ChatGPT : 서비스의 정식 이름
- GPT : 본문에서 반복 사용을 줄이기 위해 간단히 부르는 표현

이 책에서는 'ChatGPT'와 'GPT'를 같은 의미로 사용합니다.

'Chat'이라는 단어를 생략했을 뿐, 다른 AI를 뜻하지 않습니다.

➡ 독자는 이 한 문장만 기억하시면 됩니다.

"GPT = 내가 지금 대화하고 있는 ChatGPT"

2. 가장 헷갈리는 세 단어, 이렇게 통일합니다

독자분들의 반응이 정확했습니다.

템플릿 · 질문틀 · 프롬프트

이 셋은 구분해서 쓰기 시작하면, 초보자는 반드시 흔들립니다.
그래서 이 책에서는 **하나로 통일**합니다.

✅ 이 책의 공식 용어는 단 하나입니다

프롬프트

그리고 이렇게 정의합니다.

> 프롬프트란,
> AI에게 '무엇을, 어떤 역할로, 어떤 형식으로'
> 일하게 할지를 지시하는 말이다.

3. 그렇다면 템플릿과 질문틀은 어떻게 되는가?

◆ 템플릿
- 반복해서 쓰기 좋게 정리된 **프롬프트의 형식**
- 즉, **프롬프트의 정리본**

◆ 질문틀
- 생각 없이 던지는 질문이 아니라 **방향이 잡힌 질문 구조**
- 역시 **프롬프트의 한 종류**

📌 결론적으로 이 책에서는 이렇게 이해하시면 됩니다.

독자가 기존에 알던말	이 책에서의 위치
템플릿	프롬프트
질문들	프롬프트
명령어	프롬프트

➡ 모두 '**프롬프트**'입니다.

다만 상황에 따라 "활용하기 쉬운 프롬프트", "반복형 프롬프트" 정도로만 설명합니다.

4. 왜 굳이 이렇게 통일했을까요?

AI는 복잡해서가 아니라 **사람이 어렵게 말할 때** 멀어집니다.

이 책은
- 용어를 공부하는 책이 아니라
- 보험 현장에서 바로 써먹는 책이기 때문입니다.

그래서 기억해야 할 말은 하나면 충분합니다.

"대수쌤, 프롬프트만 잘 쓰면 됩니다."

💬 독자를 위한 한 줄 요약 💬

이 책에서 기억해야 할 것은 단 하나,
프롬프트는 'AI에게 일을 시키는 말'이다.

이 문장을 가슴에 넣고 읽기 시작하시면 본문이 훨씬 가볍고, 술술 읽히실 겁니다.

제미나이의 대화창에 gpt 프롬프트를 그대로 사용해도 무방합니다.

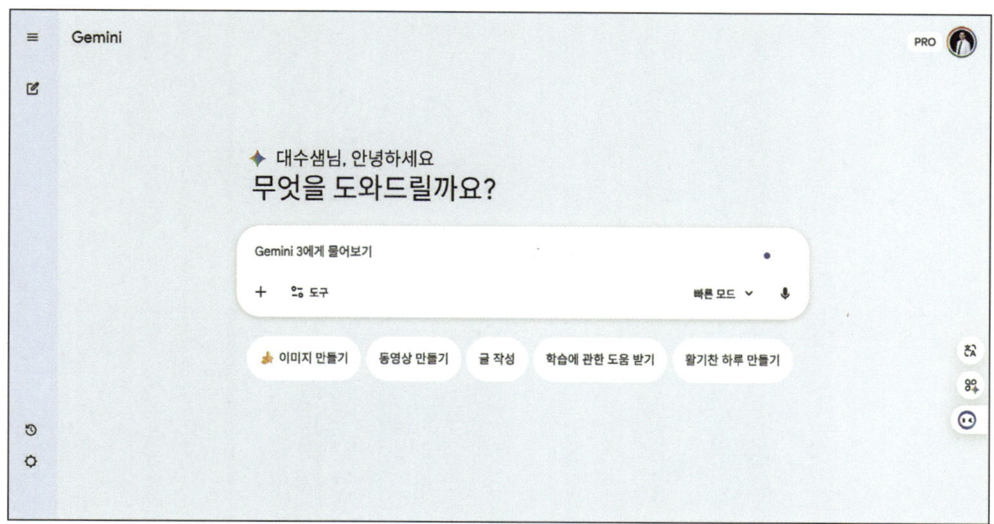

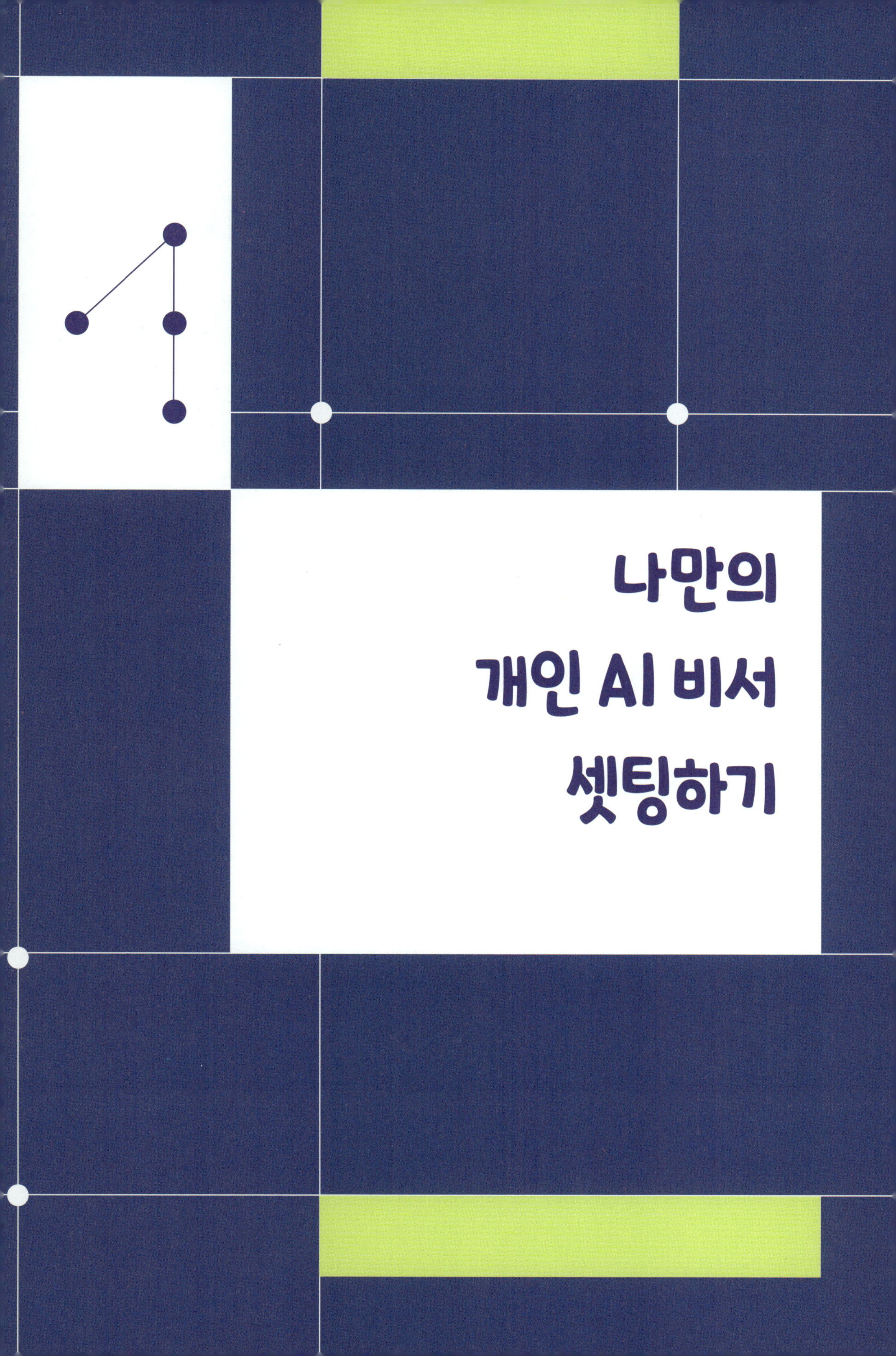

나만의
개인 AI 비서
셋팅하기

나만의 '개인 AI 비서' 셋팅하기

기본셋팅

AI를 잘 쓰는 설계사와 AI를 "그냥 써보는" 설계사의 차이는 분명하다.

그 차이는 얼마나 많은 기능을 알고 있느냐가 아니라 AI를 '나에게 맞게' 세팅했느냐에 있다.

많은 설계사들이 AI를 이렇게 사용한다. 질문할 때마다 새로 입력하고, 매번 상황을 설명하고, 그때그때 원하는 답을 끌어내는 방식이다.

하지만 이 방식은 AI를 도구로만 쓰는 것이다.

반대로, AI를 한 번 제대로 세팅해두면 그 순간부터 AI는 단순한 도구가 아니라 내 전담 '개인 비서'처럼 작동하기 시작한다.

- 내 고객군의 특성
- 내가 실제로 쓰는 말투
- 내가 주력으로 판매하는 상품 구조
- 상담과 설계에서 중요하게 여기는 기준

이 모든 정보를 반영해 자동으로 맥락을 이해하고 반응하는 AI, 그게 바로 '개인 AI 비서'다.

이 장에서는 AI를 매번 새로 사용하는 사람이 아니라, AI가 나를 기억하고 대신 일하게 만드는 사람이 되기 위한 가장 중요한 첫 단계 ChatGPT 기본 설정과 개인 맞춤 세팅 방법을 다룬다.

복잡한 설정은 없다. 하지만 이 기본 셋팅을 해두느냐, 안 해두느냐에 따라 앞으로 AI 활용 효율은 완전히 달라진다.

지금부터 할 일은 단 하나다.

AI를 '범용 도구'에서 '나만을 위한 개인 비서'로 바꾸는 것.

이제 그 첫 단계를 시작해보자.

1. 개인 AI 비서를 만들기 위한 첫 관문

✨ ChatGPT 계정과 개인 설정 이해하기

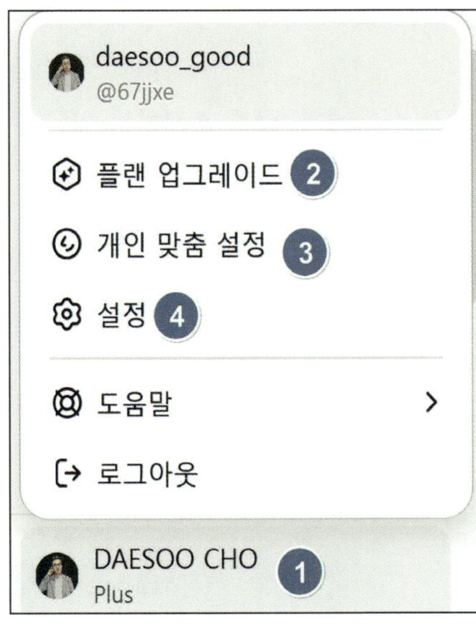

이 이미지는 ChatGPT 앱에서 프로필(계정) 메뉴를 열었을 때 보이는 화면이다. 계정 상태를 확인하고, 요금제·개인 설정·앱 설정으로 들어가는 길목이다.

❶ 현재 로그인된 계정과 요금제 상태를 보여주는 영역이다. 예시처럼 이름과 Plus 구독 여부가 표시된다.

❷ 플랜 업그레이드로 이동하는 메뉴다. 무료에서 유료 플랜으로 변경하거나, 플랜 관련 선택을 진행하는 화면으로 연결된다.

❸ 개인 맞춤 설정으로 들어가는 메뉴다. 답변 스타일, 선호 톤 등 개인화 옵션을 설정하는 화면으로 연결된다.

❹ 설정으로 들어가는 메뉴다. 앱 전반의 환경설정(일반 설정, 데이터/알림 등)을 조정하는 화면으로 연결된다.

2. AI에게 '나'를 알려주는 질문 설계

✦ 프롬프트 만들기의 출발점

AI는 똑똑하다.

하지만 아무 정보도 주지 않으면, 누구에게나 똑같이 말한다.

처음 AI에게 질문을 던지면 AI는 당신이 신입 설계사인지, 10년 차 베테랑인지, 법인을 주로 하는지, 개인 고객을 상대하는지 아무것도 모른다.

그래서 질문할 때마다
"나는 보험설계사이고요…"
"이 고객은 40대 맞벌이고요…"
같은 설명을 반복하게 된다.

이 반복을 끝내는 방법이 바로 **프롬프트**, 정확히 말하면 **AI에게 '나를 소개하는 질문 구조'를 만들어 두는 것**이다.

프롬프트는 AI에게 일을 시키는 문장이 아니라, AI가 나를 이해하도록 만드는 첫 자기소개다. 이제부터 할 일은 단순하다.

AI에게

"나는 이런 사람이고, 이런 고객을 상대하고, 이런 방식으로 일한다"

라고 한 번만 제대로 알려주는 것이다.

3. 기초에서 심화로 가는 연습 구조

✦ 개인 AI 비서를 완성하는 실습 로드맵

AI를 잘 쓰는 사람은 처음부터 복잡한 질문을 던지지 않는다.

대신 이렇게 시작한다. 짧게 묻고, 반응을 보고, 조금씩 깊게 들어간다.

이 장에서 다루는 실습은 '한 번에 완성'이 아니라 **단계적으로 길들이는 방식**이다.

처음에는 메시지 한 줄, 상담 문장 하나로 시작한다.

그다음 고객 유형을 바꿔보고, 상황을 바꿔보고, 톤을 조정해본다.

이 과정을 거치면 AI는 점점 "아, 이런 경우엔 이렇게 말해야 하는구나"를 학습한다.

기초 ➡ 반복 ➡ 변형 ➡ 고정

이 흐름이 쌓이면 어느 순간 AI는 설명하지 않아도 먼저 맞춰서 말하는 단계로 들어간다.

그 지점이 바로 개인 AI 비서가 완성되는 순간이다.

4. 설계사의 말투와 고객을 AI에 입히는 기본 세팅

✦ 평균적인 AI를 '나만의 비서'로 바꾸는 방법

AI에게 아무 지시 없이 질문하면 AI는 '세상 평균적인 말투'로 답한다.

문장은 깔끔하지만, 내 말 같지는 않다.

그래서 설계사가 해야 할 첫 단계는 질문을 잘하는 것이 아니라 **기준을 먼저 정해주는 것**이다.

내 말투는 어떤지, 내 고객은 누구인지, 내가 싫어하는 표현은 무엇인지.

이 기준이 없으면 AI는 매번 다른 얼굴로 말한다. 어제는 부드럽고, 오늘은 지나치게 딱딱해진다.

하지만 이 기준을 한 번만 제대로 세팅해두면 AI의 태도는 달라진다.

상담 메시지는 항상 같은 톤으로 나오고, 제안서 문장은 흔들리지 않으며, 보고서도 내 스타일에서 벗어나지 않는다.

이 단계는 기능 설명이 아니라 AI의 성격을 정하는 과정이다.

여기까지 오면 AI는 더 이상 '아무나의 도구'가 아니다.

당신의 말투를 기억하고, 당신의 고객을 고려하며, 당신 대신 먼저 생각하는 전담 비서가 된다.

아래 화면은 ChatGPT의 개인 맞춤 설정에서 말투와 지침을 정해, 답변의 결을 내 방식으로 고정하는 설정 화면이다.

❶ **개인 맞춤 설정** | 왼쪽 메뉴에서 개인 맞춤 설정을 선택한 상태이다. 이 메뉴로 들어오면 답변 스타일과 지침을 한곳에서 관리한다.

❷ **기본 스타일 및 어조 선택** | 기본 스타일 및 어조 항목의 드롭다운이다. 현재는 기본값으로 설정되어 있다.

❸ **어조 목록 펼침** | 드롭다운을 누르면 선택 가능한 어조 목록이 펼쳐진다. 기본값, 전문적, 친함, 솔직함, 독특함, 효율적 등에서 하나를 선택하며, 선택된 항목에는 체크 표시가 붙는다.

❹ **맞춤형 지침 입력** | AI가 지켜야 할 작성 규칙과 선호를 적는 입력칸이다. 여기에 적힌 내용이 이후 대화의 기본 운영 원칙이 된다.

❺ **닉네임 설정** | 당신에 대해 알려주세요 영역의 닉네임 입력칸이다. 예시로 '대수굿'이 입력되어 있다.

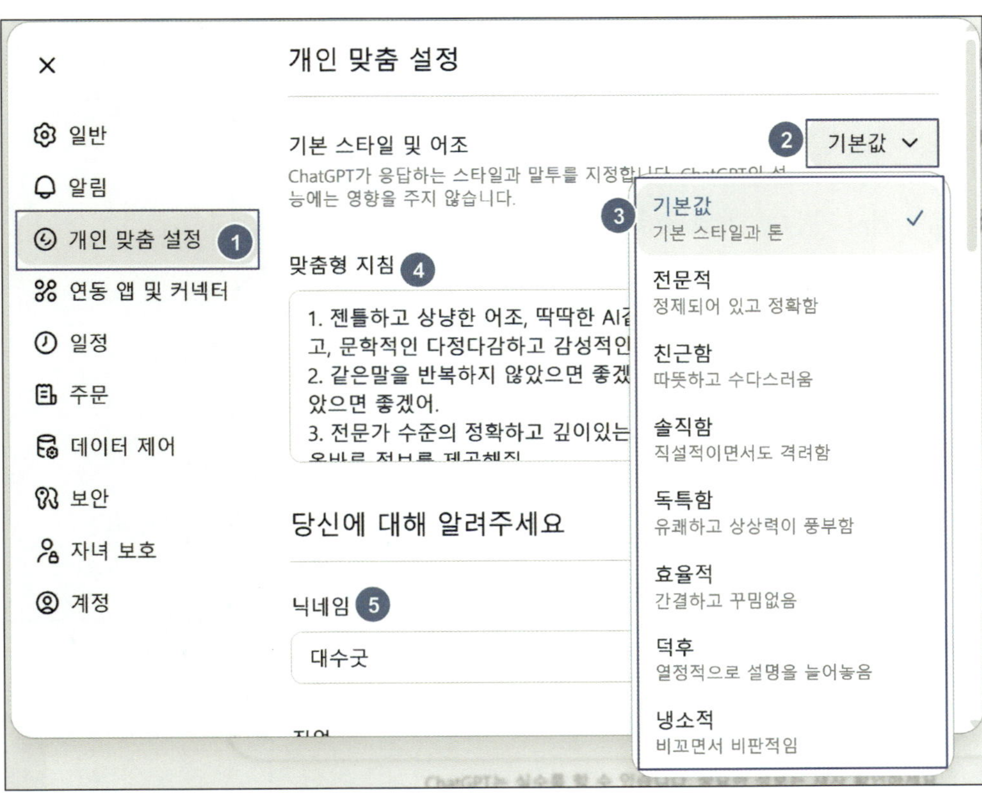

④에 상담 톤, 금지 표현, 제안서 문장 규칙을 넣어두면 매번 설명하지 않아도 같은 품질로 답이 나온다. ②~③에서 '전문적'을 고르면 법인 제안서와 보고서 문장이 더 정돈된 결로 나오는 편이다.

1단계. ❀ '나는 누구인가' 기본 프로필 입력하기

AI에게 당신의 역할을 명확하게 알려주는 것이 핵심이다.

입력 예시 : 위 이미지의 ❹ 맞춤형 지침에 아래 내용을 입력한다.

- 경력: 8년 차 보험설계사
- 주력 고객군: 3040 맞벌이, 어린 자녀가 있는 가정
- 주력 상품: 실손, 암, 종합건강, 어린이보험, 연금
- 말투: 부드럽고 차분한 톤, 너무 홍보 같지 않은 스타일

이 정보가 들어가야 AI가 메시지를 만들 때도 "설계사 ○○의 톤"으로 반응한다.

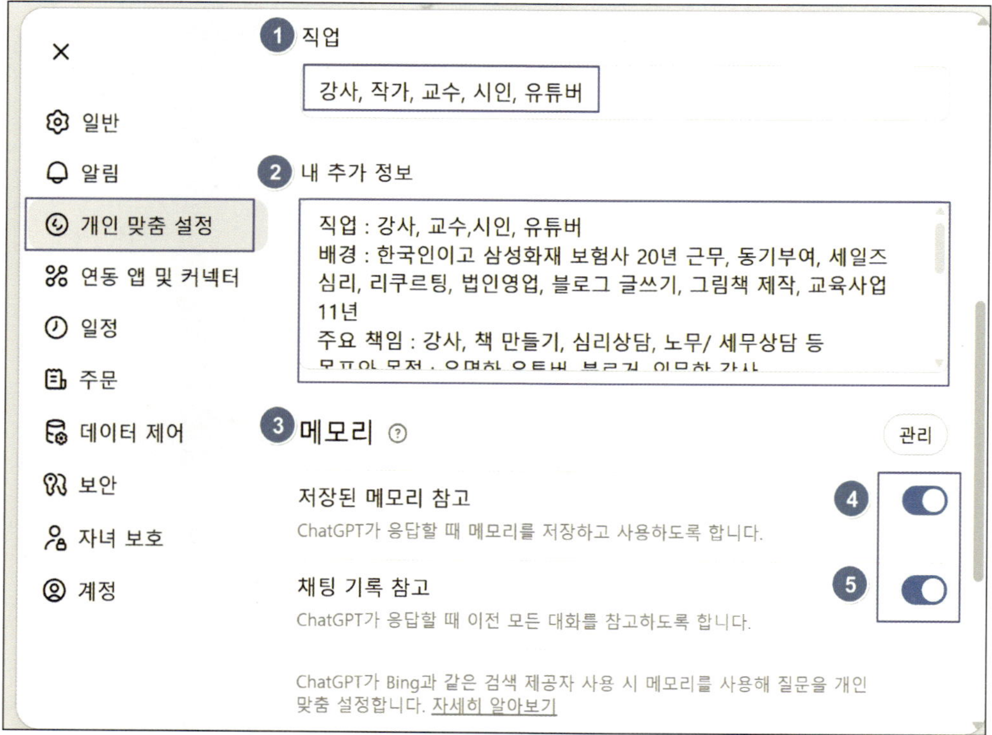

이 화면은 개인 맞춤 설정에서 "나에 대한 정보"와 "기억 기능"을 켜고 끄는 곳이다. 한 번만 제대로 적어두면, 이후 대화에서 매번 설명을 반복하지 않아도 된다.

❶ **직업 |** 내 직업을 한 줄로 입력하는 칸이다. 예시처럼 "강사, 작가, 교수, 시인, 유튜버" 처럼 핵심 키워드로 정리해 넣는다.

❷ **내 추가 정보 |** 배경, 경력, 전문분야, 주요 책임, 목표 같은 정보를 길게 적는 칸이다. 여기에 적힌 내용은 답변의 전제와 맥락으로 활용된다.

❸ **메모리 |** ChatGPT가 대화 중 유용한 정보를 저장하고 참고하도록 하는 기능 영역이다. "관리"를 누르면 저장된 메모리를 확인하고 정리한다.

❹ **저장된 메모리 참고 |** 메모리를 저장하고 응답에 활용할지 정하는 스위치이다. 켜두면 이후 대화에서 중요한 설정과 선호를 더 잘 이어간다.

❺ **채팅 기록 참고 |** 이전 대화 내용을 참고해 응답할지 정하는 스위치이다. 켜두면 과거 대화의 맥락을 이어 받아 더 자연스러운 연속 답변이 나온다.

②에 주력 고객군, 전문 영역(법인/개인), 자주 쓰는 상담 흐름, 금지 표현을 정리해 두면 상담 스크립트와 제안서 문장이 한 번에 "내 톤"으로 맞춰진다. ④와 ⑤를 켜두면 고객 응대 방식이 흔들리지 않고, 반복 업무가 확 줄어든다.

2단계. ❀ '내가 다루는 고객군의 특징' 세팅하기

AI는 고객군이 바뀌면 문장도 달라진다.

그래서 초·중·고객군 3종을 미리 세팅해두면 매우 효율적이다.

- 3040 맞벌이  실비, 암, 생활질병, 자녀보장 고민
- 50대 개인사업자  건강보장 + 노후준비 + 절세 관심
- 2030 초년생 실비·상해·초기 자산 형성 위주

이 정보를 세팅해두면 AI는 "이 고객은 40대 맞벌이입니다."라는 문장만 넣어도 알아서 고려해서 답변을 만든다.

3단계. ✿ 나의 '표현 방식' 세팅하기

설계사마다 말투가 다르다. AI가 진짜 '나'처럼 쓰게 만들려면 말투 지시가 필수다.

- 너무 강한 표현은 빼기
- 전문 용어는 풀어서 쓰기
- 카카오톡은 2~3문장으로 짧게
- 고객 걱정을 먼저 인정하는 구조

이런 설정을 해두면 AI는 어느 메시지든 일관된 톤을 유지한다.

4단계. ✿ '틀리면 안 되는 정보' 세팅하기

AI는 가끔 잘못된 사실을 말하기도 한다.

그래서 '절대 틀리면 안 되는 영역'을 미리 알려줘야 한다.

예시

- 보험료 숫자는 내가 직접 확인해야 한다
- 보험사명·상품명은 수정될 수 있으니 참고용으로만 작성
- 의료적 진단·법률 해석은 AI가 하지 않음

이 규칙을 알려주면 AI는 더 안전한 답변을 준다.

5단계. ❇ 프로젝트 설정하기

✦ ChatGPT 프로젝트 화면 쉽게 이해하기

위의 화면은 대수쌤이 보험영업 전용 AI 비서를 만들어 쓰는 실제 예시 화면입니다.

번호 순서대로 하나씩 보면 전혀 어렵지 않습니다.

❶ 프로젝트 메뉴

왼쪽에 보이는 '프로젝트'는 AI에게 역할과 주제를 정해주는 폴더 개념입니다.

• 강의용 AI
• 글쓰기용 AI
• 보험영업용 AI

처럼 용도별로 AI를 나눠 관리할 수 있습니다.

❷ 새 프로젝트 만들기

'새 프로젝트'를 누르면 새로운 AI 비서를 하나 더 만들 수 있습니다.

예를 들면

• 「대수쌤의 보험영업 프롬프트」
• 「대수쌤의 강의 자료 만들기」
처럼 목적이 분명한 AI 공간을 만드는 단계입니다.

❸ 현재 선택된 프로젝트

파란색으로 표시된 '대수쌤의 보험영업 프롬프트'는 지금 사용 중인 프로젝트입니다.

이 안에서는

◆ 보험 상담
◆ 문자 문구
◆ 법인 분석

같은 보험영업 관련 질문만 집중적으로 하게 됩니다.

➲ 이렇게 하면 AI가 점점 보험영업에 특화된 비서처럼 반응합니다.

❹ 새 채팅 시작하기

가운데 보이는 '+ 새 채팅' 버튼은 이 프로젝트 안에서 새로운 대화를 시작하는 버튼입니다.

◆ 오늘은 갱신 안내 메시지
◆ 내일은 법인 미팅 준비

처럼 주제별로 대화를 나눠 저장할 수 있습니다.

➡ 이전 대화는 남기고, 새로운 일은 새 채팅으로 시작하면 AI 사용이 훨씬 정리됩니다.

이 구조만 이해하면 이후 나오는 프롬프트, 템플릿, 활용법이 훨씬 쉽게 연결됩니다.

💬 독자를 위한 한 줄 요약 💬

프로젝트는 AI에게 "너는 이런 일을 하는 비서야"라고 알려주는 공간이다.

좋은 지점입니다.

여기서는 "어디를 눌러서, 무엇을 쓰는지"가 명확해야 초보 독자가 안심합니다.

앞서 사용한 개조식 · 넘버링 스타일을 그대로 유지해 정리하겠습니다.

보험영업 전용 AI 비서를 만드는 핵심 단계

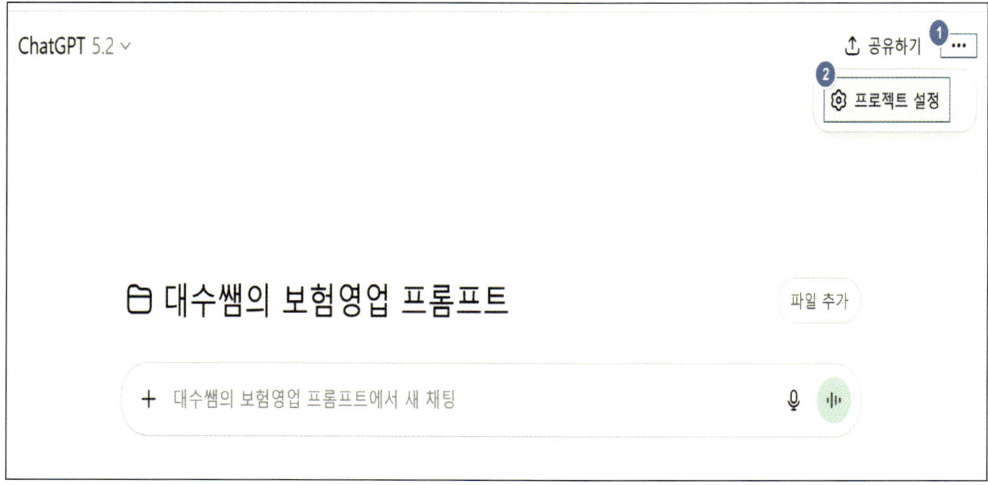

프로젝트를 만들었다면 다음으로 해야 할 일은 프로젝트 지침 설정입니다.

이 지침은 AI에게 "이 공간에서는 이런 기준으로만 일해라"라고 알려주는 역할을 합니다.

❶ 프로젝트를 먼저 선택한다

왼쪽 메뉴에서 사용하려는 프로젝트를 클릭합니다.

예시

- 대수쌤의 보험영업 프롬프트
➡ 이 프로젝트 안에서 설정한 지침은 이 프로젝트에만 적용됩니다.

❷ 프로젝트 설정(지침) 화면으로 들어간다

프로젝트 이름 옆의 설정 메뉴(⚙ 또는 점 3개)를 눌러 '지침 설정' 또는 '프로젝트 설정' 화면으로 이동합니다.

이곳이 바로 AI의 행동 원칙을 정하는 공간입니다.

❸ '프로젝트 지침' 입력란을 찾는다

설정 화면 안에 보면 AI에게 지시를 입력할 수 있는 지침 입력 칸이 있습니다.

이 칸에 들어가는 문장은 일반 질문이 아닙니다.

➡ 이 프로젝트의 헌법 같은 문장입니다.

❹ 보험영업용 기본 지침 문장을 입력한다

아래 문장은 보험영업 프로젝트에 가장 기본이 되는 예시입니다.

그대로 사용해도 되고, 나의 스타일에 맞게 수정해도 좋습니다.

> 너는 보험영업 20년 차 베테랑 설계사의 AI 비서다.
>
> 이 프로젝트에서는 보험 상담, 고객 소통, 제안 준비에 집중하고
>
> 고객이 이해하기 쉬운 말로 설명하며 과장·공포·압박 표현은 사용하지 않는다.
>
> 항상 현장에서 바로 쓸 수 있는 문장으로, 신뢰를 높이는 방향으로 답변해 줘.

➡ 이 문장은 프로젝트에서 AI가 따르는 기본 역할과 답변 기준이 됩니다.

❺ 저장하면 설정은 완료된다

지침을 입력한 뒤 저장 버튼을 누르면 설정은 끝입니다.

이후에는

- 새 채팅을 시작해도
- 어떤 질문을 해도

AI는 이 지침을 항상 참고해서 답변합니다.

✦ 프로젝트 지침과 프롬프트의 차이 (중요)

많이 헷갈리는 부분이므로 짧게 정리합니다.

- 프로젝트 지침
  ➡ 이 프로젝트의 기본 성격
  ➡ 한 번 설정, 계속 유지

- 프롬프트(질문)
  ➡ 그날그날 시키는 업무
  ➡ 매번 상황에 맞게 입력

➡ 지침은 기준,

➡ 프롬프트는 지시입니다.

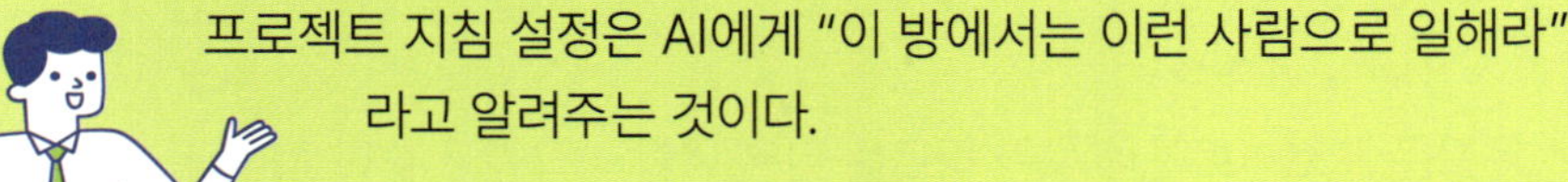

이 설정만 제대로 해두면 AI는 점점 나를 닮은 보험영업 비서가 됩니다.

"여기에 아무 말이나 쓰면 안 됩니다" 지금 캡처된 화면의 핵심은 ❸번으로 표시된 '지침 입력 칸'입니다.

여기에 초보자가 가장 많이 하는 실수는 이것입니다.

- 오늘 할 질문을 쓴다
- 한 번 쓰고 끝낼 말을 쓴다
- 너무 구체적인 상황을 적는다

이 칸에는 오늘의 질문이 아니라 이 프로젝트에서 AI가 지켜야 할 기본 원칙을 씁니다.

"이 지침은 매번 다시 쓰지 않습니다"

초보 독자는 은근히 이걸 불안해합니다.

"이거… 채팅할 때마다 다시 써야 하나요?"

그래서 캡처 아래에 아주 짧게 이렇게 덧붙이면 좋습니다.

이 지침은 한 번만 설정하면 계속 유지됩니다.

새 채팅을 열어도 다시 입력할 필요는 없습니다.

✦ 프로젝트를 왜 하나만 만들면 안 되는가

처음 ChatGPT를 쓰는 분들 대부분은 프로젝트를 하나만 만들어 놓고 모든 질문을 합니다. 처음엔 편해 보입니다. 하지만 며칠만 지나면 이런 느낌이 듭니다.

- 답변이 들쭉날쭉하다
- 말투가 자꾸 바뀐다
- 보험 이야기하다가 글쓰기 톤이 섞인다

이유는 단순합니다.

AI가 '지금 무슨 일을 해야 하는지' 헷갈리기 때문입니다.

AI도 역할이 분명해야 일을 잘합니다. 사람도 마찬가지입니다.

- 강의할 때의 나
- 상담할 때의 나
- 글 쓸 때의 나

모두 다르듯, AI도 역할을 나눠줘야 정확해집니다.

그래서 이 책에서는 프로젝트 = 역할별 AI 비서라고 정의합니다.

〈프로젝트를 나누면 달라지는 점〉

프로젝트를 나누는 순간, AI는 이렇게 달라집니다.

- 보험영업 프로젝트 ➡ 상담·제안 중심 답변
- 글쓰기 프로젝트 ➡ 문장·감성 중심 답변
- 강의 프로젝트 ➡ 구조·설명 중심 답변

➡ 같은 질문을 해도

➡ 프로젝트에 따라 결과가 달라집니다.

이 차이가 쌓이면 AI는 점점 나에게 맞는 비서가 됩니다.

✦ 보험영업용 프로젝트에 꼭 넣어야 할 기본 설정 문장

프로젝트를 만들었다면 가장 먼저 해야 할 일이 있습니다.

바로 AI에게 '너는 누구인지'를 알려주는 것입니다.

이 문장을 처음 채팅에 한 번만 입력해 두면 이 프로젝트는 성격이 완전히 달라집니다

보험영업 전용 기본 설정 프롬프트 (필수)

아래 문장은 보험영업 프로젝트의 첫 채팅에 그대로 입력하셔도 됩니다.

너는 보험영업 20년 차 베테랑 설계사의 AI 비서다.
답변은 항상
① 고객이 이해하기 쉬운 말로
② 현장에서 바로 쓸 수 있도록
③ 과장·공포 마케팅 없이
④ 신뢰를 높이는 방향으로 해 줘.
　판매보다 상담,
　설명보다 공감을 우선해 줘.

이 한 번의 설정으로 AI의 말투와 방향성이 완전히 고정됩니다.

! 왜 이 문장이 중요한가 !

이 문장을 넣지 않으면 AI는 기본적으로 이렇게 반응합니다.

- 교과서적인 설명
- 너무 중립적인 문장
- 현장과 거리가 있는 표현

하지만 이 설정을 넣는 순간 AI는 이렇게 바뀝니다.

- 고객 앞에서 바로 쓸 수 있는 말
- 보험 설계사의 현실을 아는 답변
- 부담스럽지 않은 제안 문장

➡ 즉, AI가 '보험영업 모드'로 전환됩니다.

프로젝트를 나눈다는 것은 AI에게 "지금 어떤 역할로 일할지" 알려주는 것이다.
보험영업 프로젝트에는 반드시 보험영업 전용 기본 설정 문장이
먼저 들어가야 한다

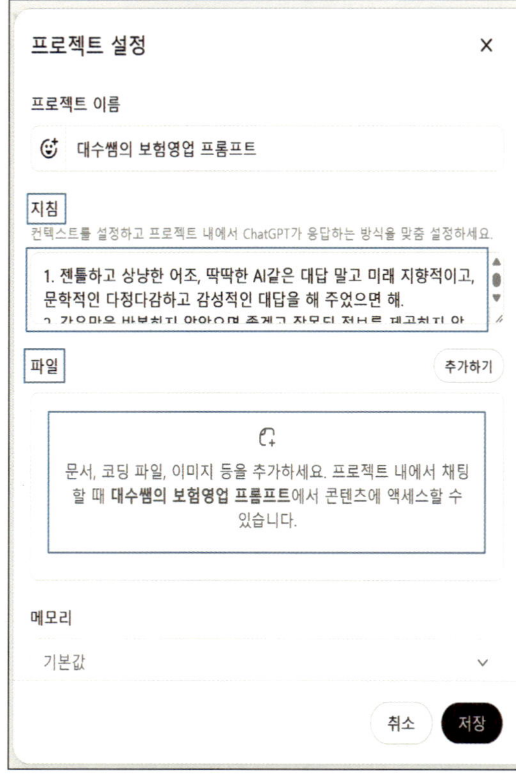

❶ 젠틀하고 상냥한 어조, 딱딱한 AI같은 대답 말고 미래 지향적이고, 문학적인 다정다감하고 감성적인 대답을 해 주었으면 해.

❷ 같은말을 반복하지 않았으면 좋겠고 잘못된 정보를 제공하지 않았으면 좋겠어.

❸ 전문가 수준의 정확하고 깊이있는 정보를 원하고 출처가 분명한 올바른 정보를 제공해줘.

❹ 내가 질문했던 것들과 답변을 기억하여 다음 질문에 연속성이 있도록 기억해줘.

❺ 네가 답변하는 모든 결과값을 영어답변 표현을 빼고 한국어로 작성해서 전달해줘.

추가로 때때로 재기 넘치는 유머를 구사합니다. 앞으로를 염두에 두며 생각합니다. 시적이고 문학적인 어조로 말합니다. 실질적인 태도를 가장 중요시합니다. 적절한 경우 겸손한 자세를 취합니다. 답변에 공감하고 이해심 있는 태도를 취합니다.

✦ 지침 설정 후, 절대 하면 안 되는 실수

프로젝트 지침을 잘 설정해 놓고도 AI가 갑자기 엉뚱한 답을 하는 것처럼 느껴질 때가 있습니다.

대부분 아래 실수 중 하나입니다.

❶ 지침을 매번 다시 쓰려고 하는 실수

지침은 프로젝트의 기본 성격입니다.

- 오늘 상담용
- 오늘 메시지용

처럼 매번 새로 쓰는 것이 아닙니다.

➡ 지침은 한 번 설정,
➡ 프롬프트로 매일 일을 시키면 됩니다.

❷ 지침에 '오늘의 상황'을 넣는 실수

지침 칸에 이런 내용을 쓰는 분들이 많습니다.

- "오늘은 갱신 상담을 할 거야"
- "이 고객은 40대 자영업자야"

이건 지침이 아니라 프롬프트입니다.

➡ 지침은 항상 유지될 기준,
➡ 상황은 채팅창에 쓰는 질문입니다.

❸ 지침을 너무 길게 쓰는 실수

지침을 완벽하게 만들고 싶어서 한 페이지 분량으로 쓰는 경우도 있습니다.

하지만 기억하셔야 합니다.

지침은 설명서가 아니라 기준표입니다.

- 방향만 분명하면 충분합니다.
- 디테일은 프롬프트에서 해결하면 됩니다.

❹ 지침만 믿고 질문을 대충 던지는 실수

지침을 잘 설정해도 프롬프트가 흐리면 결과도 흐립니다.

- "보험 설명해 줘"
- "문자 하나 만들어 줘"

이 질문은 지침이 아무리 좋아도 결과가 평범할 수밖에 없습니다.

✦ 프로젝트 지침과 프롬프트를 함께 쓰는 실제 예시

이제 가장 중요한 부분입니다.

지침과 프롬프트가 어떻게 함께 작동하는지 실제 상황으로 보여드리겠습니다.

❶ 먼저, 프로젝트 지침은 이렇게 설정되어 있다고 가정합니다

너는 보험영업 20년 차 베테랑 설계사의 AI 비서다.
고객이 이해하기 쉬운 말로, 현장에서 바로 쓸 수 있게 답변하며 과장·공포 표현은 사용
하지 않는다.
판매보다 상담과 신뢰를 우선한다.

이 문장은 이 프로젝트의 기본 성격입니다.

❷ 그 다음, 채팅창에 이렇게 프롬프트를 입력합니다

40대 자영업자 고객에게 기존 보험을 비판하지 않으면서 보장 점검 상담을 제안하는 카카오톡 메시지를 3문장 이내로 2가지 만들어 줘.

이 문장은 오늘 AI에게 시키는 업무입니다.

❸ AI는 이렇게 반응합니다

- 말투는 자연스럽고
- 부담스럽지 않으며
- 바로 복사해서 쓸 수 있는 문장

➡ 이 결과는 지침 + 프롬프트가 동시에 작동한 결과입니다.

❹ 같은 질문이라도 지침이 없으면 달라집니다

지침 없이 같은 질문을 하면 AI는 이렇게 반응할 가능성이 큽니다.

- 교과서적인 문장
- 마케팅 냄새가 나는 표현
- 현장과 거리 있는 설명

➡ 차이를 만드는 건 지침 한 줄의 유무입니다.대수쌤의 AI 보험영업 코멘트

프로젝트 지침은 AI의 태도이고, 프롬프트는 오늘의 업무다.
이 둘을 함께 쓸 때 AI는 비로소 '비서'가 된다.

결론부터 말씀드리면 그렇습니다.

기본 설정 문장은 매번 쓸 필요가 없습니다.

프로젝트 안에서 첫 채팅에 한 번만 입력해 두면, 그 이후 대화에서는 계속 유지됩니다.

이 설정은 마치

- 회사에 입사할 때 쓰는 직무기술서
- 상담 전 마음속으로 정하는 기본 태도

와 같습니다.

➡ 매번 말하지 않아도 이미 알고 일하는 상태가 됩니다.

그렇다면 왜 사람마다 결과가 달라질까?

여기서 많은 분들이 이렇게 묻습니다.

"똑같이 설정했는데, 어떤 날은 답변이 마음에 안 들어요."

이유는 간단합니다. AI는 '고정된 설정' 위에 '지금 던지는 질문'까지 함께 읽기 때문입니다.

즉,

- 기본 설정은 성격
- 매번 던지는 프롬프트는 상황

이라고 이해하시면 됩니다.

✦ 설정 프롬프트를 업그레이드하는 방법

AI를 오래 잘 쓰는 사람들의 공통점은 설정을 자주 바꾸는 사람이 아니라 조금씩 다듬는 사람입니다.

다음 순서대로만 하면 됩니다.

❶ AI 답변을 보며 "아쉬운 포인트"를 표시한다

AI의 답변을 보고 이렇게 느낀 적이 있을 겁니다.

- 말이 너무 길다
- 표현이 딱딱하다
- 현장감이 부족하다

이 느낌이 바로 설정을 업그레이드할 힌트입니다.

❷ 아쉬운 점을 '추가 조건'으로 바꾼다

예를 들어,

- "말이 길다"
  ➡ 답변은 5줄 이내로 해 줘

- "딱딱하다"
  ➡ 말투는 상담 현장에서 쓰는 부드러운 표현으로

- "현장감이 없다"
  ➡ 실제 설계사가 고객에게 말하듯 작성해 줘

이 문장들은 새로운 기본 설정 문장에 덧붙이면 됩니다.

❸ 업그레이드된 기본 설정 문장 예시

처음 설정이 이것이었다면,

> 너는 보험영업 20년 차 베테랑 설계사의 AI 비서다.
> 고객이 이해하기 쉬운 말로, 현장에서 바로 쓸 수 있게 답변해 줘.

업그레이드는 이렇게 됩니다.

> 너는 보험영업 20년 차 베테랑 설계사의 AI 비서다.
> 답변은 항상
> · 5줄 이내로 간결하게
> · 상담 현장에서 바로 읽어도 어색하지 않게
> · 과장이나 공포 표현은 피하고
> · 고객의 선택을 존중하는 말투로 작성해 줘.

➡ 이렇게 하면 AI의 답변 밀도가 눈에 띄게 달라집니다.

❹ 설정은 '완벽'이 아니라 '현재 기준'이면 충분하다

많은 분들이 설정을 너무 완벽하게 만들려고 합니다. 하지만 중요한 건 이것입니다. 설정은 고정값이 아니라, 나의 성장에 따라 함께 자라는 문장이다. 상담 경험이 쌓이면 설정도 바뀌고, AI의 말도 더 나를 닮아갑니다.

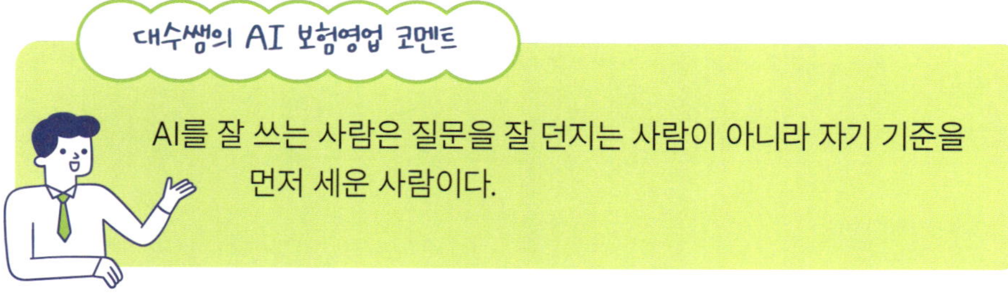

이제 독자는

- AI를 무작정 쓰는 단계가 아니라
- 나만의 AI 비서를 셋팅하는 단계까지 올라왔습니다.

AI에게 매번 설명하기 번거롭다면 아예 다음과 같은 문장을 맨 처음 입력해 두면 된다.

예시

"당신은 8년 차 보험설계사인 나의 AI 비서입니다.
내 고객군은 3040 맞벌이, 주력 상품은 실손·암·어린이보험입니다.
말투는 부드럽고 설명 중심, 전문 용어는 풀어서 씁니다.
틀리면 안 되는 숫자는 내가 직접 확인하도록 문장에서 주의 표시를 해주세요."

이 한 문장으로 AI는 나의 비서처럼 반응한다.

이제, 어떻게 써야 하는가 용어를 정리했다면 이제 가장 중요한 질문이 남습니다.

"그래서, 프롬프트를 잘 쓴다는 게 뭔데요?"

이 질문에 답하지 못하면 아무리 AI를 안다고 해도 현장에서는 막히게 됩니다.

그래서 이 책은 잘 쓴 프롬프트와 못 쓴 프롬프트를 먼저 보여주는 것부터 시작합니다.

프롬프트, 잘 쓴 예 vs 못 쓴 예

✕ 못 쓴 프롬프트의 특징

- "보험 설명해 줘"
- "법인보험 알려줘"
- "고객 설득 문구 만들어 줘"

이 질문들의 공통점은 단 하나입니다. AI 입장에서는 너무 막막합니다.

- 누구에게 쓰는지 모르고
- 어떤 상황인지 모르고
- 결과물의 형태도 모릅니다

그래서 답변은 늘 이렇게 나옵니다.

"보험은 위험에 대비하기 위한 제도입니다…"

틀린 말은 아니지만, 영업 현장에서는 쓸 수 없는 말입니다.

✓ 잘 쓴 프롬프트의 특징

"40대 자영업자 고객에게
기존 보험을 비판하지 않으면서

'보장 점검 상담'을 자연스럽게 제안하는
문자 메시지를 3가지 버전으로 만들어줘."

이 프롬프트에는 AI가 일할 수 있는 재료가 모두 들어 있습니다.

- 대상 : 40대 자영업자
- 상황 : 기존 보험이 있는 고객
- 목적 : 보장 점검 상담 제안
- 형식 : 문자 메시지
- 결과물 수 : 3가지

그래서 AI의 답변도 바로 써먹을 수 있는 결과로 나옵니다.

➡️ 프롬프트의 수준이
➡️ 결과물의 수준을 결정합니다.

✨ 보험영업인이 프롬프트를 못 쓰는 진짜 이유

의외로 많은 분들이 이렇게 말합니다.

"AI가 아직 부족한 것 같아요."

하지만 실제 원인은 다릅니다. AI에게 일을 '설명'하지 않고 '눈치 보며 던지고 있기 때문'입니다.

AI는 눈치가 없습니다. 대신 설명해 주면 끝까지 해냅니다.

그래서 보험영업인은 프롬프트를 이렇게 생각해야 합니다.

프롬프트는 질문이 아니라 '업무 지시서'다.

보험영업인 전용 프롬프트 작성 공식 3단계

이 책에서는 복잡한 공식 대신 현장에서 바로 쓰는 3단계 공식만 씁니다.

1단계. ✿ 역할을 정해준다

"너는 보험영업 20년 차 베테랑 설계사야"

"너는 초보 고객에게 쉽게 설명하는 상담사야"

➡ AI에게 정체성을 부여하는 단계입니다.

2단계. ✿ 상황과 목적을 말해준다

"첫 상담 자리이고, 고객은 보험에 대한 거부감이 있어."
"목표는 판매가 아니라 상담 약속을 잡는 거야."

➡ AI가 어디까지 가야 하는지 알게 됩니다.

3단계. ✿ 결과물의 형태를 지정한다

"말투는 부드럽게"
"3줄 이내로"
"문자 메시지 형식으로"

➡ 결과물이 바로 사용 가능한 상태로 나옵니다.

➡ 이 3단계를 한 문장으로 만들면 이것이 됩니다.

이 한 문장이 완성형 프롬프트입니다.

✦ 대수쌤의 프롬프트 활용 철학

이 책은 AI를 잘 설명하는 책이 아닙니다.

이 책은 보험영업인이 말을 잘 정리하도록 돕는 책입니다.

AI는 거울과 같습니다.

내 질문의 수준만큼만 나를 비춰줍니다. 그래서 이 책의 목표는 분명합니다.

AI를 바꾸는 것이 아니라 질문하는 나를 바꾸는 것.

프롬프트는 기술이 아니라 태도다. 말을 정리하는 사람만이 AI를 제대로 쓸 수 있다.

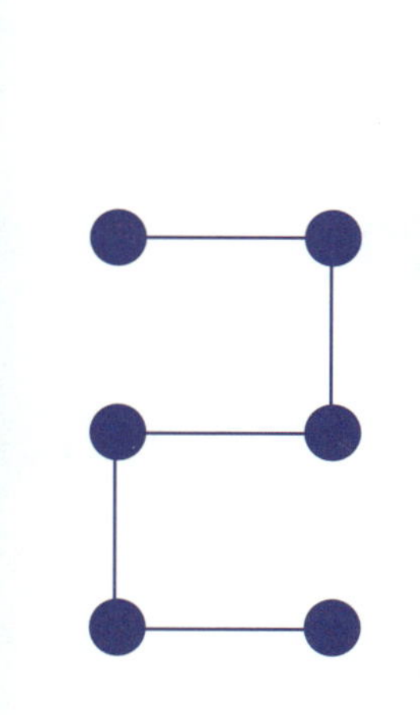

AI

보험영업 시작하기

- 왕초보를 위한 준비 운동

AI 보험영업 시작하기

왕초보를 위한 준비 운동

개념이 궁금할 때 – [질문 시리즈]

질문 01 **챗GPT가 뭐예요? 챗봇이랑 뭐가 달라요?**

보험영업인 입장에서 GPT를 가장 쉽게 설명하면 세상을 많이 보고 공부도 많이 한 똑똑한 후배 하나를 옆에 앉혀 둔 것에 가깝다.

아래 화면은 GPT의 첫 화면으로, 내가 원하는 속도와 깊이로 AI의 답을 조율하는 컨트롤러이다.

❶ 먼저 오른쪽 상단의 모델 이름 옆 드롭다운(∨)을 눌러 모델과 응답 모드를 고르는 메뉴를 연다. 시작은 여기다.

❷ 메뉴에서 Thinking을 선택하면 AI가 한 번 더 곱씹고 정리해 구조가 탄탄한 답을 만든다. 제안서 문구, 리포트, 법인 미팅 정리처럼 "실수하면 손해"인 문서에 특히 강하다.

❸ 그다음 왼쪽의 [새 채팅]을 눌러 오늘의 업무를 새로 연다. 어제 대화와 섞이지 않으니, 고객 상담 기록도 더 깔끔해진다.

❹ 마지막으로 [탐색하기]는 필요한 기능을 이미 갖춘 GPT를 찾는 입구가 된다. 쉽게 말해 ❶로 조정하고 ❷로 깊이를 올린 뒤 ❸으로 새 판을 깔고, ❹에서 내 일에 맞는 도구를 골라 장착한다.

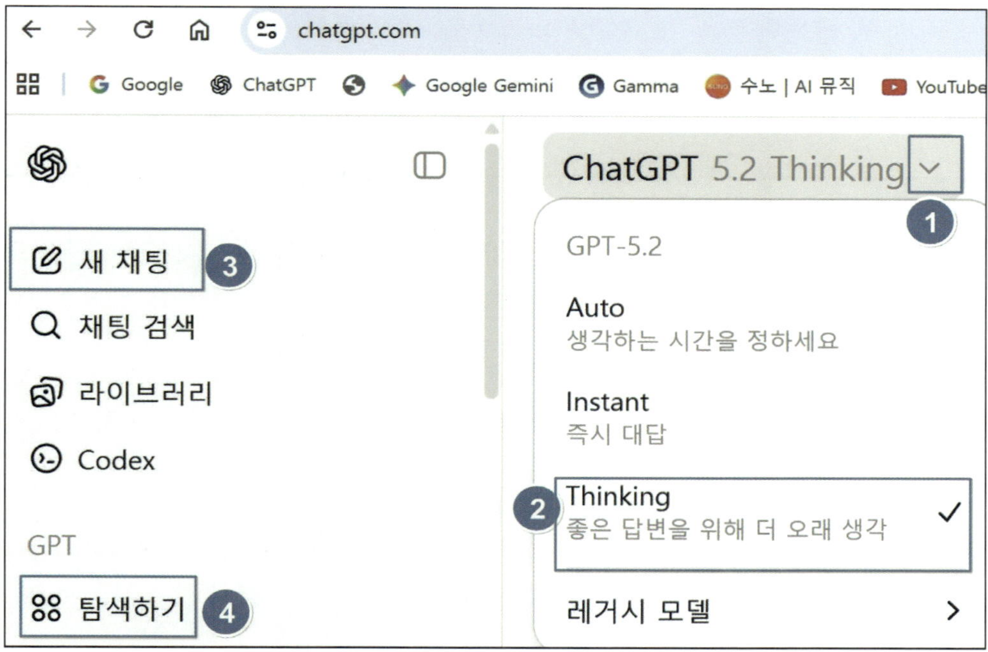

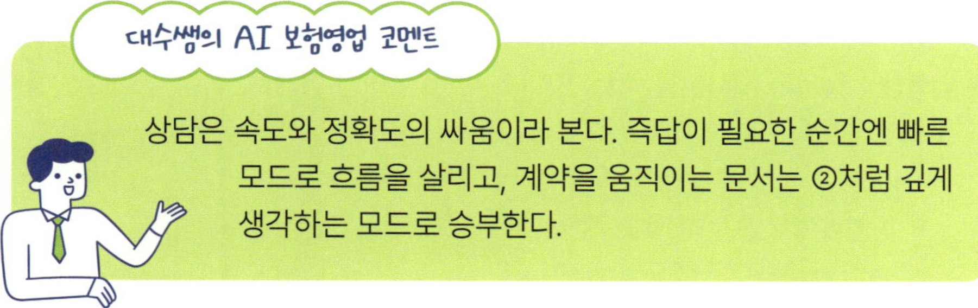

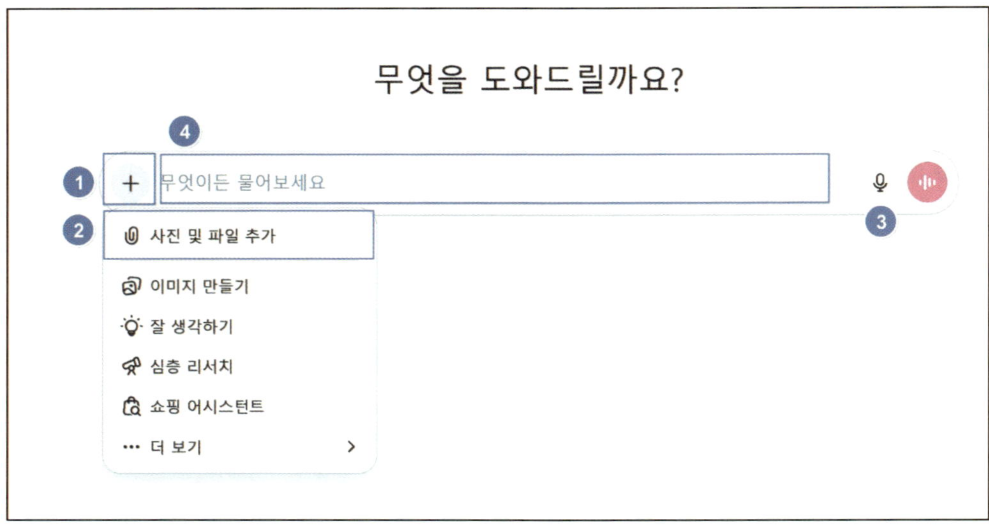

이 화면은 GPT 대화의 입력 화면이다. 질문을 적고 자료를 첨부하며, 필요하면 음성으로도 요청을 남기는 시작점이다.

❶ **+ 버튼** | 도구 메뉴를 여는 버튼이다. 파일 첨부, 이미지 만들기, 심층 리서치 같은 기능을 한곳에서 선택한다.

❷ **사진 및 파일 추가** | 문서·이미지·표·캡처를 대화에 첨부하는 기능이다. 첨부한 자료를 근거로 요약, 비교, 핵심 추출, 문장 정리를 진행한다.

❸ **마이크/음성 버튼** | 말로 질문을 입력하거나 음성 대화를 시작하는 기능이다. 타이핑이 어려운 상황에서도 흐름을 끊지 않고 요청을 남긴다.

❹ **입력창** | 질문과 지시문을 적는 곳이다. 무엇을, 어떤 형태로, 어떤 톤으로 만들지 한 줄로 설계한다.

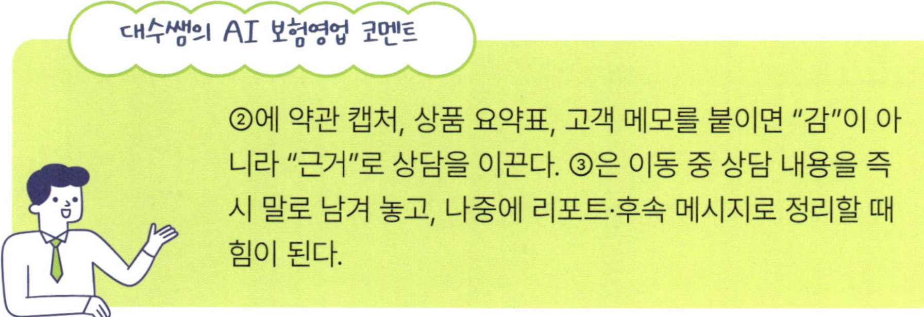

예전 콜센터형 챗봇은 정해진 말에만 반응했다.

'1번: 자동차보험, 2번: 화재보험' 같은 메뉴 안에서는 대답을 하지만 메뉴를 벗어나는 말에는 제대로 반응하지 못했다.

GPT는 방식이 다르다.

전 세계의 수많은 글을 읽고 말과 글의 패턴을 배운 인공지능이라 우리가 자연스럽게 말하듯 질문을 던져도 맥락을 따라온다.

"30대 자영업자 고객에게 갱신 안내 톡을 부드럽게 써 줘."라고 적으면 그 속에 담긴 상황과 분위기를 함께 고려해 문장을 만들어 준다.

또 하나 중요한 차이는 대화가 이어진다는 점이다.

처음에 "이 고객은 40대, 두 자녀, 맞벌이, 기존에는 실비만 있음."이라고 알려주고 그다음에 "이 고객에게 상담 오프닝 멘트를 만들어 줘."라고 말하면 앞에서 받은 정보를 기억하고 연결해서 답을 준다.

이 장에서는 독자가 느낌을 잡을 수 있도록 다음 내용을 중심으로 정리한다.

- 예전 콜센터형 챗봇 대화 화면과 GPT 대화 예시 비교
- "보험 약관 설명해 줘."가 아니라 "초등학생에게 설명하듯, 3문장으로 약관 요약해 줘."라고 했을 때의 차이
- GPT를 검색창이 아니라 대화하는 비서로 보는 관점 세팅

✨ 현장 사례

삼성화재에서 7년째 개인영업을 하고 있는 B 설계사는, 회사에서 예전에 도입했던 챗봇을 떠올리며 GPT를 바라봤습니다.

"어차피 또 1번, 2번 누르는 수준 아니에요?"

그러던 어느 날, 고객에게 보낼 **갱신 안내 문자**가 잘 떠오르지 않아 시험 삼아 GPT에 이렇게 적어 봅니다.

GPT는 단순한 안내가 아니라 "그동안 함께해 주셔서 감사하다"는 뉘앙스와 "앞으로도 든든하게 지켜드리겠다"는 태도를 담아 3가지 버전의 문장을 만들어 줬습니다.

B 설계사는 그중 마음에 드는 문장을 약간 수정해 보냈고, 고객에게서 이런 답장을 받았습니다.

"역시 ○○님이라 든든하네요.
나중에 애들 것도 꼭 부탁드릴게요."

그날 이후로 B 설계사에게 GPT는 '버튼 눌러 대답 받는 챗봇'이 아니라 '내 마음을 문장으로 잘 꺼내 주는 비서'가 됩니다.

대수쌤의 프롬프트 Tip

당신은 10년 차 보험설계사입니다.
나는 고객에게 카카오톡으로 메시지를 보내려고 합니다.

고객 정보:
- 50대 여성
- 나와 거래한 지 10년째
- 실손의료보험 갱신 안내를 드려야 함
- 이번에 보험료가 인상됨

질문 02 AI가 진짜로 내 일을 뺏을 수 있나요?

많은 설계사가 가장 먼저 던지는 질문이다.

"이러다가 언젠가 고객이 AI에게만 물어보고, 설계사는 필요 없다고 하면 어떡하지?"

실제로 AI는 이미 일부 일을 가져가고 있다.

상품 비교, 단순한 계산, 긴 약관을 요약하는 일은 사람보다 빠르고 실수도 적다.

하지만 핵심은 여기다.

- AI가 설계사를 없애는 것이 아니다.
- AI를 쓰는 설계사가, AI를 쓰지 않는 설계사를 밀어낸다.

고객은 결국 사람에게 신뢰를 묻는다. 선택의 책임을 함께 나눌 사람을 찾는다.

AI가 대신할 수 없는 영역은 다음과 같다.

- 이 고객이 진짜로 두려워하는 것이 무엇인지 알아차리는 감각
- 부부 사이의 의견 차이를 조정해 주는 한마디
- "괜찮습니다, 이 선택 잘하신 겁니다."라고 함께 책임져 주는 태도

이 장에서는 다음 메시지를 분명하게 잡는다.

- AI가 가져갈 일
  - 반복되는 일
  - 계산과 문장 정리
  - 자료 요약과 비교 정리

- 사람이 계속 해야 할 일
  - 신뢰 형성
  - 의사결정을 함께 해 주는 역할
  - 윤리적 판단과 책임

결국 목표는 "AI 때문에 불안한 설계사"가 아니라 "AI 덕분에 더 가치 있는 일에 집중하는 설계사"로 관점을 옮기는 것이다.

✨ 현장 사례

C 설계사는 AI 이야기가 나올 때마다 인상을 찌푸렸습니다.

"언젠가는 AI가 설계사 다 없애겠지 뭐."

그러다 지점 교육에서 **반대 멘트 대응 스크립트**를 GPT로 만드는 실습을 하게 됩니다. 마침 전날, 한 고객에게서 이런 말을 들은 참이었습니다.

"요즘 다 인터넷으로 알아보고 드는 시대라
굳이 설계사 안 끼고 해도 되잖아요?"

C 설계사는 그 말이 내내 마음에 남았고, GPT에게 이렇게 물어봅니다.

"보험을 인터넷으로 직접 가입해도 된다고 생각하는
30대 직장인에게, 설계사가 함께할 때 어떤 점이 더 안전한지
예시를 들어 설명하는 말을 만들어 줘."

GPT는 '의학 지식이 있어야만 보장 범위를 제대로 이해할 수 있는 점', '앞으로 10년, 20년 뒤 변화까지 함께 점검해 줄 사람이 있다는 점' 등을 쉽게 풀어 설명하는 세 가지 버전의 말을 만들어 줬습니다.

C 설계사는 그 중 하나를 조금 다듬어 다음 상담 때 직접 써 봤고, 고객에게서 이런 대답을 들었습니다.

"그 말 들으니까 확실히 그냥 제가 혼자 하긴 불안하네요."

그 순간 C 설계사는 깨달았습니다.

AI가 자기 자리를 빼앗는 게 아니라, **"말로 잘 풀어내지 못했던 내 생각을 AI가 정리해 주는구나"** 하고요.

대수쌤의 프롬프트 Tip

당신은 15년 차 보험설계사입니다.

상황:
- 30대 직장인 고객이 있습니다.
- 이 고객은 "요즘은 인터넷으로 보험 다 알아보고 직접 가입하면 되지 않냐"고 말합니다.

목표:
- 인터넷 가입의 장단점을 솔직하게 인정하면서도
- 설계사와 함께할 때 어떤 점이 더 안전하고 든든한지
- 부담스럽지 않게 설명하고 싶습니다.

요청:
- 이 고객에게 말해 줄 설명 멘트를 3가지 버전으로 만들어 주세요.
- 각각 4~5문장 이내로 써 주세요.
- 말투는 솔직하지만, 지나치게 영업 티 나지 않게 해 주세요.

 # 보험영업에서 AI로 '정확히' 뭘 할 수 있나요?

"좋다, AI가 필요하다는 건 알겠다. 그래도 내 업무 중에 정확히 무엇을 맡길 수 있는지가 궁금하다." 이 물음에 답하는 장이다.

보험영업의 흐름을 다섯 단계로 나누고 각 단계에서 AI가 할 수 있는 일을 정리한다.

❶ 고객 발굴 단계
- 지인·소개·휴면 고객에게 보낼 안부 톡 문구 만들기
- 단체방·SNS에 올릴 짧은 인사말, 가벼운 콘텐츠 구상

❷ 상담 준비 단계
- 고객 정보 요약(연령, 가족, 직업, 기존 보험 상황을 한눈에 보이게 정리)
- 이 고객에게 꼭 짚어야 할 포인트 3가지 추출
- 자주 나오는 질문과 예상 반대 멘트 목록 만들기

❸ 상담·제안 단계
- 약관과 보장을 고객 눈높이에 맞게 쉽게 풀어 쓰기
- 기존 설계와 신규 제안 비교 설명 구조 짜기
- "비싸다.""생각해 보겠다." 같은 반대 멘트에 대한 답변 초안 만들기

❹ 사후관리·리모델링 단계
- 생일·기념일·갱신 안내 메시지 템플릿 만들기
- 정기 보장 점검 안내 문자, 리모델링 제안 문구 생성

❺ 나 자신을 위한 학습·정리 단계
- 세제·제도 변화 요약
- 강의·지점 교육 준비용 요약 자료 만들기

이 장의 목적은 "AI는 영업 전체 흐름에서 이렇게 들어가는구나." 하는 그림을 한 번에 그려 보게 하는 것이다.

D 설계사는 하루를 돌아보며 늘 이런 생각을 했습니다.

"운전하고, 카톡 보내고, 상담 준비하고…
정작 고객이랑 깊이 이야기 나눌 시간은
항상 부족해."

그래서 하루 동안 한 일을 쭉 적어 놓고, 그중에서 **AI에게 넘길 수 있는 일**만 골라 봤습니다.

- 카톡 문장 다듬기
- 생일/기념일 인사말 만들기
- 기존 보험 요약 설명문 쓰기
- 상담 전 고객 상황 정리
- 반대 멘트 답변 문장 고민하기

D 설계사는 그중 하나, "기존 보험 요약 설명문 쓰기"를 GPT에게 맡겨 봅니다.

> "40대 맞벌이 부부, 자녀 둘.
> 지금 가지고 있는 보험 내용을 아래에 붙일 테니,
> 너무 전문용어 쓰지 말고 5줄 이내로 요약해 줘.
> 그리고 부족해 보이는 부분 3가지만 정리해 줘."

GPT가 정리해 준 요약을 바탕으로 D 설계사는 상담에서 "지금 잘하고 계신 부분"과 "조금 아쉬운 부분"을 훨씬 더 차분하게 설명할 수 있었습니다.

상담 이후 D 설계사는 "아, 나는 **생각하고 듣는 일**을 하고, 정리와 문장은 AI에게 넘기면 되는구나"라고 느끼게 됩니다.

> ### 대수쌤의 프롬프트 Tip
>
> 당신은 10년 차 보험설계사입니다.
>
> **고객 정보:**
> - 40대 초반 맞벌이 부부
> - 자녀 2명
> 아래에 이 고객이 현재 가입한 보험 리스트를 붙일 것입니다. (상품명, 보험료, 보장 내용 등)
>
> **목표:**
> 1) 고객이 현재 보험 상황을 한눈에 이해할 수 있도록
> 2) 어렵지 않은 말로 5줄 이내로 요약하고
> 3) 보장상 부족해 보이는 부분 3가지만 간단히 정리해 주세요.
>
> **요청:**
> - 먼저 "현재 상황 요약" 5줄,
> - 그다음 "보완이 필요한 부분" 3줄 형태로 나눠서 써 주세요.
> - 보험 전문용어는 최대한 풀어서 설명해 주세요.

질문 04   고객 정보 넣어도 안전한가요? 개인정보는 어떻게 지켜야 하나요?

AI를 쓰려다 가장 많이 멈칫하는 순간이 바로 여기다.

"혹시 고객 이름, 주민번호, 연락처 같은 걸 넣었다가 유출되면 어떡하지?"

이 장에서는 원칙 몇 가지만 지키면 안전하게 쓸 수 있다는 관점으로 안내한다.

❶ 실명 대신 약칭·이니셜 사용하기
- "김00님, 40대 남성, 자영업, 아이 둘" 정도로만 적는다.
- 이름, 연락처, 주민번호, 사업자번호 등은 입력하지 않는다.

❷ 정확한 숫자 대신 범위로 바꾸기
- 연소득 5,430만 원 ➡ "연소득 5천만 원대"
- 직원 17명 ➡ "직원 10~20명 규모"

❸ 회사 내부 문서 그대로 복붙하지 않기
- 전산에 있는 서류·양식, 내부 코드, 계약번호 등은 그대로 붙이지 않고, 꼭 필요한 내용만 요약해서 입력한다.

❹ 회사 규정 먼저 확인하기
- 회사나 GA마다 AI 활용 가이드가 다를 수 있다.
- "어디까지 허용되는지", "어떤 도구는 금지인지" 교육자료·공지사항을 한 번은 확인한다.

이 장은 법률책이 아니다.

보험영업인이 "이 정도 선을 지키면 되겠다." 하고 실질적인 감각을 갖도록 돕는 데 초점을 둔다.

✨ 현장 사례

E 설계사는 GPT를 쓰다가 문득 이런 걱정이 들었습니다.

"여기에 고객 이름이랑 주민번호 같은 걸 넣었다가 혹시라도 새어나가면 어떡하지?"

그래서 처음에는 고객 이름, 연락처, 정확한 금액을 다 빼고 이렇게 말을 바꿔 입력해 봤습니다.

> "40대 여성, 자영업, 아이 2명,
> 연소득은 5천만 원대입니다.
> 실손과 암보험 2개만 갖고 있습니다.
> 이 고객에게 해 줄 수 있는 상담 포인트 5가지만 정리해 줘."

이렇게 해도 GPT는 핵심 포인트를 잘 짚어 줬습니다.

E 설계사는 원칙을 세웠습니다.

- 실명 대신 '김○○님' 혹은 '40대 여성 고객님'
- 주민번호, 연락처, 계약번호, 주소는 절대 입력 금지
- 구체적인 숫자는 '~~만 원대', '10~20명 규모'처럼 범위로 변경
- 회사 전산 화면은 복붙하지 말고, 꼭 필요한 내용만 요약해서 입력

이 원칙을 지키니 '개인정보 유출'에 대한 불안감이 크게 줄었고, 동시에 AI도 충분히 잘 활용할 수 있었습니다.

대수쌤의 프롬프트 Tip

당신은 15년 차 보험설계사입니다.

아래는 한 고객의 기본 정보입니다.

(실명, 주민번호, 연락처 등은 모두 제거하고 나이대, 직업, 가족구성, 대략적인 소득 수준만 적었습니다.)
- 40대 초반 여성   - 자영업
- 자녀 2명 (초등학생)   - 연소득 4천만 원대
- 현재 보유 보험: 실손 1개, 암보험 1개

목표:
- 이 고객에게 상담할 때 꼭 짚어야 할 포인트를 알고 싶습니다.

요청:
- 상담 포인트 5가지를 bullet 형식으로 정리해 주세요.
- 각 포인트는 2줄 이내로,
- 보험 전문용어는 풀어서 써 주세요.

주의! 실명/주민번호/연락처 등은 절대 넣지 말 것!

질문 05 **프롬프트가 뭐예요? 그냥 말하면 되는 거 아닌가요?**

프롬프트는 어렵게 생각할 필요가 없다.

우리가 일상에서 하는 "부탁하는 말"이 바로 프롬프트다.

같은 심부름도 "야, 그거 좀."이라고 하면 엉뚱한 걸 사 올 수 있다.

"편의점 가서 무가당 두유 2개, 가장 저렴한 걸로 사 와 줘."라고 말하면 원하는 것을 정확히 가져온다.

AI에게 부탁할 때도 똑같다.

이 장에서는 좋은 프롬프트의 기본 구조를 이렇게 정리한다.

- **역할:** "너는 지금 10년 차 보험설계사야."
- **상황:** "40대 맞벌이 부부, 자녀 둘, 기존에 실비만 있음."
- **목표:** "첫 상담 때 쓸 오프닝 멘트를 3가지 버전으로 만들어 줘."
- **형식:** "각각 3문장 이내, 말투는 따뜻하고 진정성 있게."

또한 나쁜 예와 좋은 예를 나란히 보여 준다.

- **나쁜 예**
    - "갱신 안내 문자 좀 써 줘."

- **좋은 예**
    - "10년째 거래 중인 50대 여성 고객이다. 이번에 실손의료보험 갱신 안내를 드리려 한다. 보험료가 올라가는 부분을 솔직하게 설명하되, 괜히 겁주지 않는 말투로 3문장 이내 카카오톡 메시지를 3가지 버전으로 써 줘."

이 장의 목표는 독자가 이렇게 느끼게 하는 것이다.

- 프롬프트는 겁낼 것이 아니다.
- 평소에 말하듯만 해도 충분하다.
- 다만 역할·상황·목표·형식 네 가지만 챙기면 결과가 훨씬 좋아진다.

F 설계사는 처음에 이렇게 GPT를 썼습니다.

"갱신 안내 문자 좀 써 줘."

그러자 돌아온 답은 어딘가 모르게 딱딱하고, 마치 안내문 같은 문장이었습니다.

그래서 이번에는 조금 더 자세히 부탁해 보기로 했습니다.

> "10년째 거래하는 50대 여성 고객입니다.
> 실손의료보험 갱신 안내를 드리려 합니다.
> 보험료가 인상되는 부분을 솔직하게 알리되,
> 기분 나쁘지 않고, 3문장 이내의 카카오톡 메시지로 3가지 버전을 써 주세요.
> 말투는 제가 평소에 쓰는 것처럼 부드럽고 진심 어린 느낌이면 좋겠습니다."

이번엔 결과가 완전히 달랐습니다.

F 설계사는 그때 깨달았습니다.

"아, 프롬프트라는 건 그냥 '명령어'가 아니라 **내 머릿속에 있는 상황과 요청을 최대한 구체적으로 말해주는 것**이구나."

대수쌤의 프롬프트 Tip

나쁜 예

갱신 안내 문자 써 줘.

좋은 예

당신은 10년 차 보험설계사입니다.

상황:

- 50대 여성 고객입니다.
- 저와 10년째 거래하고 있습니다.
- 실손의료보험 갱신 안내를 드려야 합니다.
- 이번에 보험료가 다소 인상됩니다.

목표:

- 보험료가 오른다는 사실을 솔직하게 알리고
- 그동안 함께해 주셔서 감사한 마음도 전하고
- 앞으로도 든든하게 지켜드리겠다는 마음을 표현하고 싶습니다.

요청:

- 카카오톡 메시지로 쓸 문장을 3문장 이내로 3가지 버전 써 주세요.
- 말투는 따뜻하고 진심 어린 느낌으로 해 주세요.
- 제가 그대로 복사해 쓸 수 있을 만큼 자연스럽게 써 주세요.

질문 06 타자 느린데, 그래도 AI를 쓸 수 있을까요?

현장에서 정말 자주 듣는 말이다.

"나는 타자를 느리게 쳐서, 이런 건 젊은 사람들만 하는 거 아닌가요?"

이 장의 핵심 메시지는 단순하다.

- 타자를 잘 치는 사람보다
- 한 줄이라도 정확히 부탁할 수 있는 사람이 AI를 더 잘 쓴다.

구체적인 활용 방법은 세 가지로 정리한다.

❶ 짧게 말해도 된다

- "40대 자영업자, 실비+암보험 있음, 리모델링 제안용 카톡 3줄만."
- 이렇게만 적어도 AI가 먼저 예시를 보여 준다.

- 그다음에 "조금 더 부드럽게." "한 줄만 줄여 줘."라고 다시 부탁하면 된다.

❷ 음성 입력 적극 활용하기
- 스마트폰 마이크 버튼을 눌러 말로 부탁한다.
- 틀리게 인식된 단어만 조금씩 고치면 되므로 긴 문장을 타이핑하는 부담이 크게 줄어든다.

❸ 한 번 만든 프롬프트는 계속 복붙하기
- 처음에는 시간이 조금 걸려도 자주 쓰는 문장은 메모장이나 단축키에 저장해 둔다.
- 이후에는 고객 상황만 바꾸어 반복 사용한다.

이 장은 디지털에 약한 설계사라 해도 "나도 할 수 있겠다."라는 자신감을 갖게 하는 데 목적이 있다.

마음의 장벽을 허무는 단계이다.

대수쌤의 프롬프트 Tip (음성 입력을 염두에 둔 짧은 형태)

40대 자영업자 남성 고객입니다.

예전에 자동차보험 가입하고 연락이 오래 끊겼습니다.

오랜만에 안부를 묻고, 장사는 요즘 어떠신지 여쭤보는 따뜻한 느낌의 카카오톡 문장 3줄 정도로 3가지 버전 만들어 주세요.
말투는 제가 평소에 쓰는 편안한 말투 느낌이면 좋겠습니다.

 회사 규정이 걱정돼요, 어디까지 괜찮은가요?

AI를 본격적으로 쓰기 전에 반드시 짚고 넘어가야 할 부분이다.

아무리 좋아도 회사 규정을 어기면 안 된다.

이 장에서는 세 가지 원칙을 제안한다.

❶ 회사·GA의 공식 입장을 먼저 확인하기

- 사내 공지, 교육자료, 본부·지점장의 안내 중 AI·챗GPT 관련 지침이 있는지 한 번은 꼭 찾아본다.
- 만약 없다면, 지점장이나 교육 담당자에게 이렇게 상의한다.
    - "고객 개인정보는 익명 처리해서 AI에 넣고, 문장 다듬기와 아이디어 발상 정도에만 쓰려고 한다. 이 범위는 괜찮은지 확인해 달라."

❷ "AI 초안 + 사람 최종 확인" 원칙

- AI가 써 준 문장은 초안일 뿐이다.
- 최종 책임은 설계사 본인에게 있다.
- 고객에게 나가는 중요한 문서와 메시지는 반드시 한 번 더 읽고, 표현을 다듬고, 사실관계를 확인한 뒤 사용한다.

❸ 내부 기밀·전산 화면은 절대 외부에 복붙 금지

- 회사 약관 원문, 내부 코드, 전산 시스템 화면 캡처 등은 AI에게 그대로 던지지 않는다.
- 꼭 필요한 핵심 내용만 요약해서 입력한다.

이 장이 독자에게 주고 싶은 메시지는 간단하다.

"규정을 어기지 않으면서도 충분히 AI를 활용할 수 있다."

이 세 가지 원칙이 보험영업인이 안심하고 AI를 도입할 수 있는 안전한 울타리가 된다.

H 설계사는 회사에서 AI 관련 공지가 나온 뒤 더더욱 조심스러워졌습니다.

"나중에 문제 되면 어떡하지… 괜히 손대지 말까?"

그러다 교육시간에 이런 팁을 듣습니다.

❶ 먼저 회사 공지·가이드 확인하기
❷ 개인정보는 모두 익명 처리해서 쓰기
❸ AI가 쓴 문장은 반드시 사람이 다시 읽고 확인하기

H 설계사는 이 원칙을 지키면서 조심스럽게 시작해 보기로 합니다.

우선, 교육자료를 검색해 AI 관련 가이드가 있는지 확인했고, "개인정보 없이 문장 다듬기·아이디어 발상에 활용하는 건 가능"하다는 내용을 보고 안심합니다.

그래서 GPT에는 이렇게만 입력합니다.

> "나는 10년 차 보험설계사야.
> 회사 규정을 지키면서,
> 고객 개인정보 없이 AI를 활용하려고 해.
> 내가 주의해야 할 점 5가지를 정리해 줘."

GPT는 "실명·주민번호·연락처를 넣지 말 것", "내부 전산 화면을 그대로 붙이지 말 것", "AI가 쓴 문장은 반드시 사람이 다시 검토할 것" 등 상식적이지만 중요한 항목들을 정리해 줍니다.

H 설계사는 이 리스트를 자신만의 "AI 사용 수칙"으로 저장해 두고, 그 안에서만 활용하며 점점 범위를 넓혀 나갑니다.

대수쌤의 프롬프트 Tip

(내 'AI 사용 수칙' 만들기용)

나는 10년 차 보험설계사입니다.

목표:

- 회사 규정을 지키면서
- 고객 개인정보를 보호하고
- 안전한 범위 안에서만 AI를 활용하고 싶습니다.

요청:

- 보험설계사가 AI를 사용할 때

반드시 지켜야 할 주의점과 원칙을 7가지로 정리해 주세요.

- 항목마다 한 줄짜리 설명도 함께 써 주세요.
- 특히 '개인정보 보호'와 '회사 규정 준수'에 초점을 맞춰 주세요.

매뉴얼 01 휴대폰 하나로 챗GPT 시작하기 - 가입부터 첫 질문까지

이 매뉴얼은 스마트폰 하나로 GPT를 처음 켜 보고, 가입을 마친 뒤 첫 질문을 보내는 과정까지 안내한다.

복잡한 기능보다 "일단 켜 보고 한 줄 물어본다"에 초점을 둔다.

아래 이미지는 안드로이드폰에서 ChatGPT 앱을 찾아 설치(또는 실행)한 뒤, 실제로 질문을 입력하는 화면까지 한 번에 보여주는 3단계 안내 이미지다.

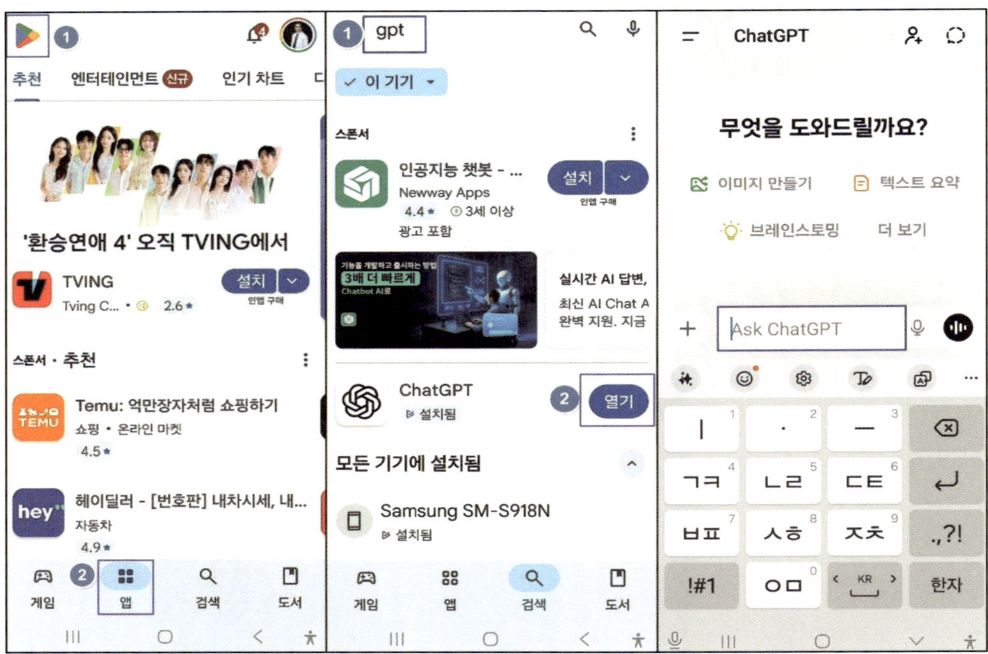

왼쪽 화면은 Google Play 스토어 첫 화면이다. ❶은 플레이스토어 앱(현재 들어와 있는 화면)을 뜻하고, ❷는 하단 메뉴에서 '앱' 탭을 선택한 상태를 가리킨다.

가운데 화면은 Play 스토어에서 'gpt'를 검색한 결과다. ❶은 검색창에 gpt를 입력해 찾는 단계이고, ❷는 ChatGPT 앱이 설치된 상태에서 '열기'를 눌러 바로 실행하는 버튼이다 (설치가 안 되어 있으면 '설치'가 먼저 보인다).

오른쪽 화면은 ChatGPT 앱을 실행했을 때의 첫 화면이다. 상단에 "무엇을 도와드릴까요?"가 보이고, 아래 입력칸(Ask ChatGPT)에 질문을 적으면 대화가 시작된다.

∴ 준비물

• 평소에 사용하는 스마트폰 1대이다.
• 모바일 데이터 또는 와이파이로 인터넷이 연결되어 있어야 한다.
• 앱 설치형이든 브라우저 접속형이든 둘 중 편한 쪽을 선택하면 된다.

∴ 접속과 가입

• 휴대폰에서 인터넷 브라우저를 열고 GPT 서비스 페이지에 접속한다.
• 또는 앱스토어에서 챗GPT나 AI 챗봇 앱을 설치해 실행한다.
• 이메일 주소나 휴대전화번호를 이용해 계정을 만든다.
• 비밀번호를 설정하고 인증 문자나 인증 메일을 확인해 가입을 완료한다.

∴ 첫 화면 익히기

• 화면 아래쪽에는 채팅창처럼 생긴 입력 박스가 보인다.
• 위쪽에는 내가 보낸 질문과 AI의 답이 대화 형식으로 쌓인다.
• 평소에 쓰는 메신저와 구조가 비슷하다고 느끼면 이해하기 쉽다.

∴ 첫 질문 보내기

• 오늘 당장 써먹을 수 있는 한 가지 상황을 정한다.
• 예) "40대 직장인 남성 고객에게 보낼 안부 문자 예시를 2개만 만들어 줘."
• 이 문장을 입력창에 적고 전송 버튼을 누른다.
• ·올라오는 답을 읽어 보고 마음에 드는 표현을 골라 쓴다.

∴ 두 번째 질문으로 이어 보기

• "조금 더 짧게." "좀 더 부드럽게."처럼 한 줄만 더 부탁해 본다.
• GPT는 방금 나눈 대화를 기억한 채로 문장을 다시 다듬어 준다.
• 이렇게 두세 번만 오가도 "아, 이렇게 쓰면 되는구나." 하는 감이 생긴다.

- 가입을 마친다.
- 첫 질문을 보낸다.

이 두 가지를 직접 해 보는 것이다.

여기까지 했으면 이미 AI를 실제 업무에 쓸 준비는 절반 이상 끝난 셈이다.

매뉴얼 02 '보험영업인 전용' 기본 설정 따라 하기 – 나이·경력·주력 상품·지역을 AI에게 알려주는 법

이 매뉴얼은 GPT에게 "나는 어떤 설계사다"라는 기본 정보를 한 번에 알려 주는 방법을 다룬다.

한 번만 잘 입력해 두면 이후 대화에서 같은 설명을 반복하지 않아도 된다.

왜 기본 설정이 필요한가

- 아무 설명 없이 질문하면 GPT는 나를 그냥 일반 사용자로 본다.
- 내가 보험설계사라는 사실을 모르면 답이 애매해질 수 있다.
- 나이, 경력, 고객군을 알려 주면 답변의 방향이 훨씬 정확해진다.

기본 설정에 넣어 줄 내용

- 나이대: 예) 30대 초반, 40대 중반, 50대 초반이다.
- 경력: 예) 보험영업 3년 차, 10년 차, 20년 차이다.
- 주력 고객군: 예) 30·40대 가정, 자영업자, 법인 대표이다.
- 주력 상품: 예) 건강보험, 실손, 암보험, 어린이보험, 법인 보장설계이다.
- 활동 지역: 예) 서울 강서·양천, 부산 해운대, 대구 수성 등이다.
- 선호 말투: 예) 너무 딱딱하지 않은 진심 어린 말투, 차분하게 설명하는 말투 등이다.

💼 입력 흐름 예시

- "나는 40대 중반 보험설계사이다."
- "경력은 12년이고, 주로 30·40대 가정과 자영업자를 상담한다."
- "활동 지역은 서울 강서·양천 일대이다."
- "건강보험, 실손, 암보험, 어린이보험을 주로 다룬다."
- "말투는 너무 형식적이지 않고, 진심이 느껴지는 스타일을 선호한다."

💼 이렇게 한 번 길게 설명해 두면

- 나중에 "안부 문자 만들어 줘."라고만 써도
- GPT는 내가 보험설계사이고, 어떤 고객을 주로 만나는지 알고 답을 준다.
- 신입 비서에게 첫날 오리엔테이션을 해 준 것과 같은 효과이다.

💼 이 매뉴얼의 목표는

- 나만의 기본 프로필을 GPT에게 심어 둔다.
- 이후 대화에서 "나는 보험설계사인데…"라는 말을 반복하지 않게 만든다.

매뉴얼 03 내 말투를 AI에게 입혀 보기 – 딱딱한 말투 부드럽게 바꾸기

이 매뉴얼은 GPT가 만들어 주는 문장에 "내 말투"를 입히는 방법을 설명한다.

내용은 맞지만 느낌이 안 맞는 답을 내 스타일로 바꾸는 과정이다.

💬 내 말투 예시 모으기

- 먼저 고객에게 보냈던 카톡·문자 중에 "이건 나 같다." 싶은 문장을 3~5개 고른다.
- 감사 인사, 안부 인사, 안내 메시지 등 여러 상황이 섞여 있으면 좋다.
- 이 문장들을 GPT에게 붙여 넣고 이렇게 말한다.
- "이런 말투가 제가 평소에 쓰는 스타일이다. 앞으로 문장을 만들 때 이 느낌을 최대한 따라 해 줘."

💬 딱딱한 문장 다시 부탁하기

- GPT가 처음 만들어 준 문장이 마음에 들지 않아도 괜찮다.
- 그 문장을 보여 주고 "이 말을 제가 고객에게 말하듯 더 부드럽게 바꿔 줘."라고 요청한다.
- 또는 "문장을 3줄로 줄이고, 조금 더 친근한 말투로 바꿔 줘."라고 해 본다.
- 여러 버전이 나오면 그중 가장 나다운 표현을 골라 쓴다.

💬 조금씩 조정하는 주문어 만들기

- "조금 덜 딱딱하게."
- "조금 더 진심 어린 톤으로."
- "너무 가볍지 않게만 해 줘."

같은 말을 자주 쓰면 GPT가 그 뉘앙스를 점점 기억한다.

💬 반복했을 때의 효과

- 몇 번만 연습해 보면 GPT가 처음부터 꽤 "내 말투 같은" 문장을 내기 시작한다.
- 고객 입장에서도 "AI가 쓴 티 나는 글"이 아니라 "늘 그 설계사가 보내던 느낌"으로 받아들인다.

💬 이 매뉴얼의 목표는

- GPT를 "남이 써 준 글"이 아닌
- "내 말투를 잘 아는 비서" 수준까지 끌어올리는 것이다.

매뉴얼 04 "틀리면 큰일 나는 내용"은 AI에게 이렇게 확인시키기

이 매뉴얼은 세제, 약관, 보장 개시 등 틀리면 안 되는 정보를 다룰 때 AI를 어떻게 활용해야 안전한지 정리한다.

💼 위험 구간 먼저 구분하기

- 구체적인 세액, 공제 한도, 세율처럼 숫자로 떨어지는 내용이다.

- 약관의 세부 조항, 면책기간, 감액 규정, 보장 개시일 등이다.
- 해지 환급금, 예정이율, 공시이율 등 금액 계산이 들어가는 부분이다.

이 부분은 AI에게 "최종 답"을 맡기지 않는다는 원칙을 세운다.

💼 AI에게 맡길 수 있는 역할

- 긴 약관 문장을 고객이 이해하기 쉽게 요약해 주는 일이다.
- 생소한 전문용어를 일상 언어로 풀어 주는 일이다.
- 회사 공식 자료를 보기 전에 전반적인 방향을 감 잡게 도와주는 일이다.

💼 질문을 던지는 방식

- "아래 약관 내용을 고객이 이해하기 쉽게 5줄로 요약해 줘. 애매한 부분이 있으면 표시해 줘."
- "이 설명에서 고객이 헷갈릴 만한 단어를 골라서 쉬운 표현으로 바꿔 줘."
- "답 마지막에 '자세한 내용은 실제 약관과 회사 공지를 다시 확인해야 합니다.'라는 문장을 함께 넣어 줘."

💼 내가 꼭 지켜야 할 검증 습관

- AI가 써 준 글을 그대로 복사해 보내지 않는다.
- 반드시 내가 한 번 더 읽고, 회사 전산과 공식 문서로 사실 여부를 확인한다.
- 애매하거나 애초에 확신이 서지 않는 부분은 "이 부분은 실제 약관을 다시 확인해야 한다."라고 표시해 둔다.

💼 이 매뉴얼의 목표는

- AI를 "위험한 계산기"로 쓰지 않는다.
- 대신 "실수를 줄여 주는 요약 도우미"로 활용하는 기준을 세우는 것이다.

 # 오늘 바로 써볼 5가지 기본 프롬프트 템플릿

이 매뉴얼은 보험영업인이 오늘 당장 현장에서 쓸 수 있는 기본 프롬프트 다섯 가지를 정리한다.

이 다섯 개만 익혀도 대부분의 상황에서 AI 도움을 받을 수 있다.

❶번 템플릿: 안부·인사 메시지

- "오랜만에 연락하는 40대 남성 지인에게 어색하지 않게 안부를 묻는 카카오톡 문장 3줄, 3가지 버전 만들어 줘."
- 요소: 나이, 관계, 상황(오랜만), 채널(카톡), 길이(3줄), 개수(3가지)이다.

❷번 템플릿: 상담 준비 요약

- "아래 고객 정보를 한 줄로 요약하고, 상담할 때 꼭 짚어야 할 포인트 3가지를 정리해 줘."
- 아래에 나이, 직업, 가족 구성, 기존 보험 리스트를 붙여 준다.
- 상담 전 5분에 빠르게 머리를 정리할 때 유용하다.

❸번 템플릿: 약관·보장 설명

- "아래 약관 문장을 초등학생에게 설명하듯 3문장으로 풀어 줘."
- 또는 "보험에 관심이 별로 없는 30대 직장인이 이해할 수 있게 쉽게 설명해 줘."
- 어려운 문장을 고객 눈높이로 내려주는 역할을 맡긴다.

❹번 템플릿: 반대 멘트 대응

- "아래와 같은 고객 반응에 대해, 부담스럽지 않게 답하는 멘트 3가지를 만들어 줘."
- 그 아래에 실제로 많이 듣는 말을 적는다.
- 예) "보험료가 너무 비싸요." "배우자랑 상의해 봐야 해요." "지금은 여유가 없어요." 등이다.

❺번 템플릿: 사후관리·소개 요청

- "계약 후 한 달이 지난 고객에게 보내는 안부와 보장 점검 안내, 그리고 자연스러운 소개 요청 멘트를 한 번에 담은 카카오톡 문장 3줄, 3가지 버전 만들어 줘."
- 시점(계약 후 한 달), 목적(안부+점검+소개 요청)을 함께 적는 것이 포인트이다.

이 다섯 가지 템플릿을 메모장에 저장해 두고 상황에 맞게 고객 정보만 바꾸어 쓰면 된다.

그 순간부터 AI는 "어려운 기술"이 아니라 내 옆에서 문장을 대신 떠올려 주는 영업 동료가 된다.

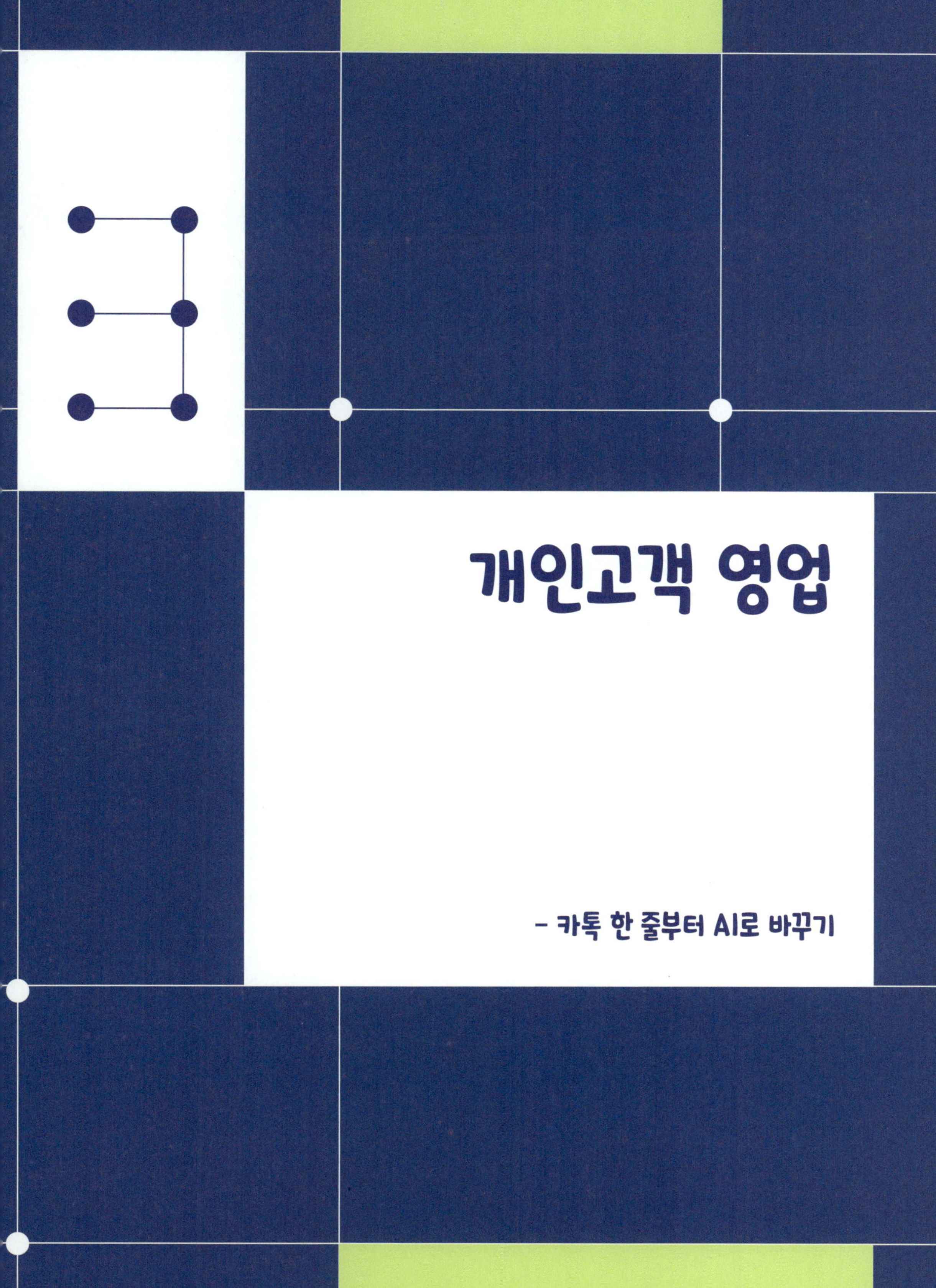
개인고객 영업
- 카톡 한 줄부터 AI로 바꾸기

개인고객 영업

카톡 한 줄부터 AI로 바꾸기

첫 연락이 막막할 때 - [실전 활용 01~23]

실전 활용 01 **오랜만에 연락하는 지인에게 '어색하지 않은 안부 톡' 만들기**

오랜만에 연락을 하려고 하면 마음이 살짝 무거워진다.

문장을 쓰다가도 "갑자기 왜?"라는 반응이 돌아올까 걱정하며 손이 멈춘다. 하지만 관계는 작은 온기에서 다시 시작된다.

첫 문장만 자연스럽게 풀리면 부담은 크게 줄어든다. AI는 어색함을 줄이는 표현을 안정적으로 잡아 준다.

- 영업 티 없이 가벼운 이유 붙이기
- 부담 없는 질문 하나 넣기
- "문득 생각나서" 같은 자연스러운 계기 만들기

이 장에서는 독자가 바로 써먹을 수 있도록 '가벼움과 자연스러움' 중심으로 안내한다.

현장 사례

A 설계사는 3년 동안 연락하지 않은 대학 동기를 떠올리고 있었다.

메시지를 쓰려다가 지우기를 반복하다가 AI에게 도움을 요청했다.

"오랜만에 연락해도 어색하지 않은 인사"를 만들자고 지시했고 AI가 몇 가지 버전을 제안했다.

그중 가장 편안한 문장을 선택해 그대로 보냈다.

잠시 후 "나도 생각하고 있었어. 언제 한번 보자."라는 답이 돌아왔다.

A 설계사는 "첫 문장의 톤이 이렇게 중요할 줄 몰랐다."고 말했다.

대수쌤의 프롬프트 Tip

오랜만에 연락하는 지인입니다.
영업 티 없이 자연스럽게 안부를 전하고 싶습니다.

카카오톡으로 보낼 2~3줄 메시지를 3가지 버전으로 만들어 주세요.
말투는 편안하고 부드러운 느낌으로 작성해 주세요.

GPT답변

1. 오랜만이야 :) 요즘 문득 네 생각이 나서 연락했어.
   잘 지내고 있어? 시간 괜찮을 때 근황 한 번 들려줘.

2. 잘 지내? 요즘 날씨가 오락가락하니까 더 생각나더라.
   바쁜 건 알지만, 잠깐이라도 안부만 남기고 싶었어.

3. 오랜만에 톡한다! 요즘 어떻게 지내는지 궁금해서 :)
   무리하지 말고, 편할 때 네 소식 한 줄만 보내줘.

단체방에서는 말 한마디의 무게가 의외로 크다.

평소 조용한 방일수록 가벼운 존재감만 남기는 것이 더 안전하다.

영업 메시지는 금세 분위기를 어색하게 만들기 때문이다.

AI를 활용하면 단체방에 어울리는 중립적인 톤을 쉽게 만들 수 있다.

- 모두가 공감할 만한 계절·날씨 소재 활용
- 부담 주지 않는 근황 한 줄
- "잘 지내시죠?"라는 순한 질문

단체방의 목적은 '영업'이 아니라 '관계의 연결 고리 유지'라는 점을 기억한다.

✨ 현장 사례

B 설계사는 동창 단체방에서 점점 존재감이 사라지는 듯한 느낌을 받고 있었다.

이전에 보험 관련 글을 올렸다가 반응이 없어 민망했던 경험도 있었다.

이번에는 AI에게 "영업 티 없는 단체방 인사"를 요청했다.

AI가 제안한 근황+날씨 조합 문장이 자연스럽게 느껴져 그대로 올렸다.

놀랍게도 여러 명에게서 "오랜만이네", "잘 지내지?"라는 답이 왔다.

B 설계사는 "단체방에서는 가벼움이 힘이구나."라고 느꼈다.

대수쌤의 프롬프트 Tip

단체 카톡방에 올릴 짧은 인사 메시지가 필요합니다.
영업적으로 보이지 않고 자연스럽게 존재감을 드러내는 문장으로 만들어 주세요.

2~3줄로 3가지 버전 작성해 주세요.
말투는 밝고 편안한 느낌으로 부탁드립니다.

실전 활용 03 **설·추석·연말에 쓰는 단체 인사말, AI로 10초 만에 뽑기**

명절 인사말은 매년 비슷해서 늘 고민이 된다.

형식적인 말을 쓰기도 싫고, 너무 과한 표현도 부담스럽다.

하지만 고객·지인·단체방 등 다양한 대상에게 따뜻한 인사를 전하는 일은 중요하다.

AI는 명절 톤에 맞춰 부담 없는 인사말을 빠르게 만들어 준다.

- 온기 있는 표현
- 길지 않은 2~3줄 구성
- 대상별 버전 제공

명절마다 시간을 절약하고, 동시에 더 따뜻한 인사를 보낼 수 있다.

✨ 현장 사례

C 설계사는 명절마다 300명이 넘는 고객에게 인사를 보내야 했다.

직접 쓰면 시간이 너무 오래 걸리고, 비슷한 문장을 반복하는 것도 마음에 남았다.

올해는 AI에게 "고객용 명절 인사 5가지 버전"을 요청했다.

깔끔하고 따뜻한 문장들이 금세 만들어졌고, 고객 반응도 좋았다.

한 고객은 "이런 인사 참 고맙네요."라고 답장을 보내왔다.

C 설계사는 AI가 명절 스트레스의 절반을 줄여 주었다고 느꼈다.

> 설(또는 추석/연말)에 보낼 단체 인사 메시지를 만들고 싶습니다.
> 고객에게 보내는 따뜻하고 부담 없는 문장으로 3줄 이하, 5가지 버전 작성해 주세요.
>
> 너무 형식적이지 않되 정성은 느껴지는 톤이면 좋겠습니다.

실전 활용 04 "보험 한번 정리해 드릴게요"를 자연스럽게 꺼내는 문장 만들기

보장 점검 제안은 반드시 필요하지만 타이밍과 말투를 잘못 잡으면 영업 냄새가 강하게 난다.

그래서 먼저 관계 온도를 조금 높인 뒤 문장 속에 부드럽게 제안을 녹여 넣는 것이 좋다.

AI는 상대 상황과 감정에 맞춰 자연스러운 전환 문장을 만들어 준다.

- "요즘 보험 문의가 많아 정리 도와드리고 있다"는 상황 제시
- 무리가 없는 선택형 제안
- 부담을 덜어주는 표현

이렇게 구조를 잡으면 제안이 훨씬 부드럽게 전달된다.

D 설계사는 지인에게 보험 정리를 제안하려다가 문장이 계속 어색해 보였다.

"보험 한번 보자"라는 표현이 직접적으로 느껴졌기 때문이다.

AI에게 "부담 없는 점검 제안 톤"을 요청하자

근황과 자연스러운 제안을 연결한 몇 가지 문장을 제시받았다.

그중 한 문장을 보낸 결과, 지인은 "요즘 저도 한번 봐야겠다 생각했어요."라고 답했다.

D 설계사는 "표현 하나가 제안의 분위기를 완전히 바꾼다."고 느꼈다.

대수쌤의 프롬프트 Tip

지인에게 부담 없이 보험 점검을 제안하는 자연스러운 문장을 만들고 싶습니다. 카카오톡 2~3줄로 3가지 버전 작성해 주세요.

영업 티가 나지 않는 말투로, 선택권을 주는 흐름으로 작성해 주세요.

실전 활용 05 약속 취소·시간 변경 문자, 기분 안 상하게 쓰는 법

약속을 조정하는 문장은 자칫하면 상대에게 불편함을 줄 수 있다.

특히 설계사와 고객 관계에서는 작은 어조 차이도 크게 느껴질 수 있다.

그래서 '사과 ➡ 상황 설명 ➡ 대안 제시'의 흐름이 중요하다.

AI는 이 구조를 자연스럽게 잡아 준다.

- 불가피한 상황을 짧게 설명
- 가능한 대안 제시
- 상대의 시간을 존중한다는 표현

이 원칙만 지켜도 약속 변경 문장은 훨씬 부드러워진다.

현장 사례

E 설계사는 갑작스러운 미팅으로 고객과의 약속을 변경해야 했다.

메시지를 쓰다가 여러 번 지웠지만, 말투가 딱딱해 보였다. AI에게 "부담 적은 약속 변경 문장"을 요청해 사과–설명–대안 흐름의 문장을 받았다.

그대로 보냈더니 고객은 "괜찮습니다. 일정 다시 잡아요."라고 답했다.

E 설계사는 "말투가 부드러우면 상황 설명도 이해받는구나."라고 느꼈다.

대수쌤의 프롬프트 Tip

고객에게 약속 시간을 변경 요청드리는 메시지가 필요합니다.
불가피한 상황 설명과 정중한 사과, 대안 제시가 담긴 2~3줄 문장으로 3가지 버전 작성해 주세요.

말투는 부드럽고 예의를 갖춘 스타일이면 좋겠습니다.

실전 활용 06 고객 정보를 한 줄로 정리해 AI에게 알려주는 방법

AI에게 정보를 전달할 때 중요한 것은 딱 한 줄로 핵심을 정리하는 기술이다.

정보가 많아질수록 AI의 답변은 흐려지고, 반대로 간단하게 정리하면 놀라울 정도로 정확한 답을 준다.

핵심은 다음 세 가지이다.

- 나이대 / 가족구성
- 직업 / 소득 대략
- 기존 보험의 상태

이 세 가지만 있어도 상담 준비에 필요한 80%가 정리된다.

이 장에서는 독자가 AI에게 정보를 전달하는 방식을 '간결하고 정확한 한 줄'로 잡을 수 있도록 안내한다.

 현장 사례

F 설계사는 상담 전에 고객 정보를 길게 입력하곤 했다.

그러다 보니 AI가 불필요한 내용을 포함해 답을 주는 일이 많았다.

어느 날 "핵심만 한 줄로 묶어서 입력해 보라"는 조언을 듣고 "40대 맞벌이 부부, 자녀 1, 실손·암보험 있음, 소득 6천만 원대"라고만 적어 넣었다.

AI는 이전보다 훨씬 명확한 상담 포인트를 제시했다.

F 설계사는 "정보는 줄었는데 결과는 더 좋아졌다."고 말했다.

 **대수쌤의 프롬프트 Tip**

고객 정보를 한 줄로 요약해 드립니다.
이 정보를 바탕으로 상담 시 꼭 짚어야 할 핵심 포인트 5가지를 알려 주세요.

보험 전문용어는 풀어서 설명해 주세요.

 10분 안에 '이 고객에게 꼭 할 말 3가지' 뽑아내기

고객마다 상담에서 강조해야 할 부분이 다르지만 그 우선순위를 정하는 데 시간을 많이 쓰는 경우가 많다. AI를 활용하면 **10분이 아니라 1분** 안에도 핵심 3가지를 추려낼 수 있다.

AI는 다음 정보를 기반으로 우선순위를 정해 준다.

- 가족 구성 변화
- 직업 위험도
- 기존 보험의 부족한 부분
- 의료비·세제 변화 등 환경 요인

이 과정만 익히면 상담의 방향이 훨씬 또렷해진다.

✨ 현장 사례

G 설계사는 고객 상담 전에 항상 20분 이상 자료를 검토했다.

그런데 AI에게 "이 고객에게 특히 중요한 3가지를 알려 줘."라고 입력해 보니 갱신 위험, 보장 누락, 가족 상황 대비 보완 필요 등 핵심만 정확히 짚어 주었다.

G 설계사는 "내가 서류를 다 뒤져야 나오던 내용인데 AI가 금방 정리해 주니 상담 준비 시간이 절반으로 줄었다."고 했다.

🤖 대수쌤의 프롬프트 Tip

아래 고객 정보에 기반해 상담에서 꼭 전달해야 할 핵심 메시지 3가지를 정리해 주세요.

각 항목은 2줄 이내로 간단하게 설명해 주세요.

 자주 나오는 질문(Q&A) 목록을 AI로 자동 생성하기

상담에서 반복되는 질문은 항상 비슷하다.

하지만 고객마다 표현이 조금씩 다르기 때문에 정리해 두지 않으면 매번 답변을 새로 만들어야 하는 번거로움이 생긴다.

AI는 고객군·연령대·상품 유형에 따라 자주 나오는 질문을 자동으로 정리해 준다.

- 실손 청구 관련 질문
- 암보험 보장 범위
- 자동차보험 가입·갱신 문의
- 리모델링 시기 관련 질문

이 목록을 미리 가지고 있으면 상담 효율이 크게 높아진다.

✨ 현장 사례

H 설계사는 Q&A를 머릿속으로만 정리하고 있었다.

그러다 AI에게 "30~50대 고객이 자주 묻는 보험 관련 질문 20개만 뽑아 줘."라고 요청했다.

AI는 범주별로 깔끔하게 질문을 분류해 목록을 만들어 주었다.

H 설계사는 그 질문들을 실제 상담에 적용하면서

"왜 이걸 이제야 만들었나 싶다."고 말했다.

실전 활용 09 초보도 전문가처럼 보이게 하는 '3분 상담 오프닝 멘트' 만들기

상담의 첫 3분은 상담의 분위기를 결정한다.

특히 초보 설계사일수록 '말을 어떻게 시작해야 할지' 고민하다가 대화 흐름을 놓치곤 한다.

AI는 고객 정보와 상황을 기반으로 자연스러운 오프닝 멘트를 만들어 준다.

좋은 오프닝의 구성은 다음과 같다.

- 고객의 상황을 먼저 언급
- 오늘 상담의 목적을 간단하게 설명
- 부담 없는 분위기 조성

이 구조만 잘 잡아도 상담의 시작이 안정적이 된다.

✨ 현장 사례

I 설계사는 상담만 들어가면 말이 꼬이곤 했다.

그래서 AI에게 "30대 직장인 고객에게 사용할 상담 오프닝"을 요청했다.

AI는 상황 설명과 오늘의 상담 방향을 자연스럽게 연결한 문장을 만들어 주었다.

ㅣ설계사는 그 문장을 약간 수정해 상담에서 사용했고, 고객이 "설명이 참 차분하고 이해가 잘 되네요."라고 말했다.

이 경험 이후 AI를 상담 준비의 필수 단계로 삼았다.

아래 고객에게 사용할 상담 오프닝 멘트를 만들어 주세요.
고객 상황을 먼저 언급하고, 오늘 상담의 목적을 3줄로 정리해 주세요.

말투는 차분하고 신뢰감 있게 작성해 주세요.

실전 활용 10 아이 있는 30·40대 고객용 상담 포인트 자동 생성하기

아이 있는 30·40대 고객은 상담의 방향이 비교적 명확하다.

가계 지출, 교육비, 건강 리스크가 크게 작용하기 때문이다.

AI는 이런 고객군의 특성을 반영해 상담 핵심을 자동으로 잡아 준다.

주요 포인트는 다음과 같다.

- 교육비 대비 보장 준비
- 부모의 건강 리스크 관리
- 소득 공백 대비책
- 실손/암 등 필수 보장 점검

이 구조를 정리해 두면 상담의 흐름이 흔들리지 않는다.

J 설계사는 아이 둘을 둔 40대 고객 상담이 많았다.

매번 비슷한 설명을 하면서도 '어떻게 더 설득력 있게 말할 수 있을까' 고민이 있었다.

AI에게 "아이 있는 40대 고객 상담 포인트 5가지"를 요청하자, 교육비, 건강 리스크, 공백 리스크 등 핵심 요소를 깔끔하게 정리해 주었다.

J 설계사는 그 내용을 기반으로 상담 흐름을 정리해 "말이 훨씬 체계적으로 정리된다."고 느꼈다.

AI

대수쌤의 프롬프트 Tip

아이 있는 30·40대 고객을 상담할 때 꼭 짚어야 할 핵심 포인트 5가지를 정리해 주세요.

각 항목은 2줄 이내로, 고객이 이해하기 쉬운 표현으로 작성해 주세요.

실전 활용 11 **보험 용어를 '초등학생도 이해하는 말'로 바꿔 달라고 하기**

보험 설명이 어려워지는 이유는 대부분 용어 때문이다.

'갱신형', '면책기간', '특약', '가입금액' 같은 단어들은 고객이 이미 알고 있다고 가정하면 대화가 자꾸 엇갈린다.

AI는 이런 용어들을 고객 눈높이에 맞춰 **초등학생에게 설명하듯 단순화**해 주는 데 큰 장점이 있다.

설명 문장은 다음 기준으로 정리하면 좋다.

- 전문 용어를 일상 말로 번역
- 숫자·기간·보장 개념을 비유로 설명
- 2~3문장 이내로 핵심만 전달

이 방식만 익혀도 상담 중 고객의 표정이 훨씬 편안해진다.

✨ 현장 사례

K 설계사는 고객에게 '갱신형'이라는 말을 설명할 때마다 어려움을 겪었다.

그래서 AI에게 "갱신형을 초등학생에게 설명하듯 알려 줘."라고 요청했다.

AI는 "몇 년마다 한 번씩 다시 가격을 정하는 보험입니다."처럼 단순하고 직관적인 표현을 만들어 주었다.

고객은 "아, 그러면 주기적으로 조정되는 거군요."라고 반응했고 설명 과정이 훨씬 부드러워졌다.

대수쌤의 프롬프트 Tip

아래 보험 용어를 초등학생도 이해할 수 있는 표현으로 3문장 이내로 설명해 주세요.

비유나 일상적인 말로 쉽게 바꿔 주세요.

 기존 보험 vs 새 제안, 비교 설명 스크립트 뽑기

고객이 가장 어려워하는 부분은 "기존 보험과 새 제안의 차이가 무엇인지" 이해하는 것이다. AI는 비교 설명을 **표 형식 또는 문장 구조**로 정리해 주기 때문에 고객이 빠르게 이해할 수 있다.

설명 구조는 다음처럼 요청하면 된다.

- 기존 보험의 강점 / 약점
- 새 제안의 보완점 / 장점
- 두 보험의 핵심 차이 3가지

이 방식으로 비교하면 고객은 "이걸 왜 바꿔야 하는지" 한눈에 파악할 수 있다.

✨ 현장 사례

L 설계사는 기존 보험이 나쁘지 않은 고객에게 새 제안의 장점을 설명하는 데 어려움을 겪었다.

AI에게 "기존 보험과 새 제안을 비교해서 5줄로 정리해 줘."라고 입력하자 핵심만 간단히 정리된 스크립트가 나왔다.

L 설계사는 그 내용을 그대로 읽어 주었고 고객은 "이제 차이가 분명히 보이네요."라고 말했다.

🤖 대수쌤의 프롬프트 Tip

아래 기존 보험과 새 제안의 내용을 비교해서 핵심 차이 3가지를 정리해 주세요.

고객에게 설명하는 말투로 5줄 이내로 작성해 주세요.

 "비싸요, 생각해 볼게요" 반대 멘트에 대한 답변 만들기

상담에서 가장 난감한 순간은 고객이 "비싸요.", "생각해 볼게요."라고 말하는 순간이다.

AI는 이 두 가지 대표 반대 멘트에 대해 부담스럽지 않은 자연스러운 응답을 만들어 준다.

핵심은 다음과 같다.

- 고객의 불안·걱정을 먼저 인정
- 선택을 강요하지 않기
- 장점이나 필요성을 부드럽게 상기시키기

이 톤을 잡아두면 고객은 방어적 태세를 풀고 다시 대화에 열린다.

✨ 현장 사례

M 설계사는 고객이 "비싸요."라고 말하면 설명이 길어지고 공기가 무거워지는 일이 많았다.

AI에게 반대 멘트 대응 스크립트를 요청하자 먼저 공감하고, 부담을 줄이고, 핵심만 다시 전달하는 차분한 톤의 문장이 여러 버전 만들어졌다.

M 설계사는 그중 하나를 상담에 사용했고 고객은 "그렇게 말하니 이해가 되네요."라고 답했다.

🤖 대수쌤의 프롬프트 Tip

고객이 "비싸요" 또는 "생각해 볼게요"라고 말했을 때 부드럽고 자연스러운 답변 멘트를 3가지 버전으로 만들어 주세요.

각각 3줄 이내로 작성해 주세요.

 ## 줌·전화 상담용 대본을 AI에게 통째로 부탁하기

비대면 상담에서는 말하는 순서와 흐름이 특히 중요하다.

AI는 상담 전체의 구조를 한 번에 잡아 주기 때문에 초보 설계사도 안정적인 상담 스크립트를 만들 수 있다.

대본 요청 시 포함하면 좋은 요소는 다음과 같다.

- 첫 인사와 분위기 만들기
- 고객 상황 확인 질문
- 오늘 상담에서 다룰 핵심 주제
- 마무리 멘트와 다음 일정 안내

이 흐름만 잘 잡아도 줌·전화 상담의 완성도가 크게 올라간다.

✨ 현장 사례

N 설계사는 줌 상담만 잡으면 긴장했다. 그래서 AI에게 "30분 상담용 전체 대본 만들어 줘."라고 요청했다.

AI는 오프닝 ➡ 상황확인 ➡ 보장 설명 ➡ 질문 ➡ 마무리 순으로 흐름 있는 스크립트를 만들어 주었다.

N 설계사는 그 대본을 기반으로 상담했고 "말이 훨씬 자연스럽고 흔들리지 않았다."고 느꼈다.

🤖 대수쌤의 프롬프트 Tip

줌 또는 전화 상담에서 사용할 20~30분 분량의 대본을 만들어 주세요. 오프닝, 고객 상황 확인, 핵심 설명, 마무리로 구성해 주세요.

말투는 차분하고 신뢰감 있게 작성해 주세요.

 1분짜리 음성 메시지용 스크립트 바로 만드는 법

요즘 고객과의 소통에서는 1분 이내의 짧은 음성 메시지가 큰 효과를 낸다.

AI를 활용하면 길지 않으면서도 진심이 전해지는 간결한 음성 스크립트를 빠르게 만들 수 있다.

좋은 1분 스크립트 구성은 다음과 같다.

- 간단한 안부
- 상담 목적 또는 점검 이유
- 고객에게 주는 핵심 메시지 한 가지

이 정도면 1분 안에 충분히 전달할 수 있다.

✨ 현장 사례

O 설계사는 음성 메시지를 자연스럽게 녹음하는 것이 어려웠다.

AI에게 "40초~1분 길이의 음성 스크립트"를 요청하자 말의 속도까지 고려한 친근한 문장이 만들어졌다.

O 설계사는 내용을 따라 읽기만 했고 고객은 "듣기 편하고 정리가 잘 되네요."라고 답했다.

🤖 대수쌤의 프롬프트 Tip

고객에게 보낼 1분 내외 음성 메시지 스크립트를 만들어 주세요.
안부 ➡ 상담 목적 ➡ 핵심 메시지 순서로 구성해 주세요.

말투는 부드럽고 편안하게 작성해 주세요.

 "보장 분석 리포트"를 AI로 초안 만든 뒤 다듬어 쓰기

고객에게 전달할 보장 분석 리포트는 시간이 오래 걸리는 업무 중 하나이다.

하지만 AI에 기본 정보만 전달하면 전체 리포트의 초안을 몇 초 만에 만들어 준다.

요청할 때는 다음 요소를 정리해 주면 좋다.

- 고객의 기본 정보
- 기존 보험 요약
- 부족한 보장 영역
- 개선 방향 3~5가지

초안이 나오면 설계사는 표현을 다듬고 회사 규정에 맞게 조정하기만 하면 된다.

 **현장 사례**

P 설계사는 리포트 작성에 항상 40분 이상 걸렸다.

AI에게 "보장 분석 리포트 초안 만들어 줘."라고 요청하자 요약, 문제 지점, 개선안까지 포함된 구조가 금방 만들어졌다.

P 설계사는 그 내용을 바탕으로 다듬기만 했고 리포트 작성 시간이 절반 이하로 줄었다.

대수쌤의 프롬프트 Tip

아래 고객 정보를 기반으로 보장 분석 리포트 초안을 만들어 주세요.
현재 보장 요약, 부족한 부분, 개선 방향을 순서대로 정리해 주세요.

각 항목은 간단하고 명확하게 작성해 주세요.

 계약 직후 보내는 '고맙고 든든한' 감사 문자 만들기

계약 직후 보내는 메시지는 고객과의 관계를 단단하게 만드는 첫 연결 고리이다.

너무 길면 부담스럽고, 너무 짧으면 성의가 없어 보인다.

AI를 활용하면 따뜻하면서도 세련된 감사 메시지를 몇 초 안에 여러 버전으로 만들 수 있다. 좋은 감사 메시지의 기준은 단순하다.

- 함께해 줘서 고맙다는 마음
- 선택이 옳았다는 안도감
- 앞으로의 관리에 대한 약속

이 세 가지가 담기면 고객은 "잘 선택했구나."라는 안정감을 갖는다.

✨ 현장 사례

Q 설계사는 계약 직후 어떤 메시지를 보내야 할지 늘 고민했다.

AI에게 "고객에게 보낼 따뜻한 감사 문구 3가지"를 요청하자 길지 않으면서도 진심이 담긴 문장이 만들어졌다.

그중 한 문장을 고객에게 보냈고 고객은 "정성스러운 메시지 감사합니다."라고 답했다.

Q 설계사는 그날 이후 감사 메시지를 AI로 먼저 뽑아두곤 했다.

🤖 대수쌤의 프롬프트 Tip

계약 직후 고객에게 보낼 따뜻한 감사 메시지를 3문장 이내로 3가지 버전 만들어 주세요.

부담스럽지 않으면서도 든든한 느낌이 들도록 작성해 주세요.

 생일·결혼기념일·입학·졸업 축하 메시지 꾸러미 만들어 두기

사후관리에서 가장 효과가 큰 것은 큰 이벤트가 아니라 **작은 축하 메시지**의 누적이다.

AI는 상황별 축하 메시지를 꾸러미로 만들어 주기 때문에 설계사는 고객의 기념일에 빠르게 대응할 수 있다.

메시지는 다음 구조가 좋다.

- 축하 인사
- 고객 상황을 살짝 언급
- 짧은 응원 한 줄

이 정도면 과하지 않고, 고객 입장에서 부담도 없다.

✨ 현장 사례

R 설계사는 고객 관리 중 가장 어려운 부분이 기념일마다 새로운 메시지를 만드는 일이었다.

AI에게 "생일·결혼기념일·입학·졸업 메시지를 각각 5개씩 만들어 줘."라고 요청하자 상황에 맞는 다양한 문장이 한 번에 만들어졌다.

R 설계사는 메시지를 저장해두고 필요할 때마다 골라 보냈다.

고객 반응도 좋아졌다.

대수쌤의 프롬프트 Tip

생일, 결혼기념일, 입학, 졸업 때 보낼 축하 메시지를 각 5개씩 만들어 주세요.

따뜻하고 가볍게 웃는 느낌으로 작성해 주세요.

 갱신·만기·보험료 인상 안내 문구를 상황별로 뽑아두기

고객에게 가장 중요한 공지는 갱신, 만기, 보험료 인상 관련 메시지이다.

하지만 이 문구는 자칫 딱딱하고 부담스럽게 느껴질 수 있다.

AI를 활용하면 **정확하면서도 부드러운 안내문**을 빠르게 만들 수 있다.

상황별로 메시지를 구분하면 좋다.

- 갱신 시기 도래 알림
- 만기 예정 알림
- 보험료 인상 안내
- 점검 제안이 자연스럽게 이어지는 흐름

이렇게 준비해두면 고객에게 안내할 때 매번 새로 쓰지 않아도 된다.

✨ 현장 사례

S 설계사는 갱신 안내 문구를 매번 새로 만들다 보니 표현이 반복되고 메시지가 딱딱해지는 문제가 있었다.

AI에게 "갱신·만기·인상 안내 문구 각각 3개씩"을 요청하자 상황에 맞는 문장이 자연스럽게 정리되었다.

S 설계사는 그 문구를 템플릿으로 저장해두고 활용했다.

대수쌤의 프롬프트 Tip

갱신, 만기, 보험료 인상 안내 메시지를 각각 3가지 버전으로 만들어 주세요.

정확한 안내와 부드러운 말투가 함께 느껴지도록 작성해 주세요.

 "한번 점검해 보실까요?"를 자연스럽게 꺼내는 리모델링 문자

리모델링 제안은 타이밍보다 **톤**이 더 중요하다.

직접적으로 말하면 영업 티가 나고, 돌려 말하면 고객이 의도를 파악하지 못한다.

AI는 고객 정보와 상황을 바탕으로 자연스럽게 점검 제안을 꺼내는 문장을 만들어 준다.

좋은 리모델링 문장은 다음 요소를 포함한다.

- 고객 상황을 먼저 언급
- 점검이 필요한 이유
- 선택은 고객에게 있다는 태도

이 흐름이면 고객은 부담 없이 내용을 받아들인다.

✨ 현장 사례

T 설계사는 리모델링 이야기를 꺼내면 고객이 "지금 꼭 해야 하나요?"라며 방어적으로 나오는 일이 많았다.

AI에게 자연스러운 점검 메시지를 요청했더니 가벼운 톤으로 점검의 필요성을 설명하는 문장이 만들어졌다.

이를 사용하자 고객 반응이 확연히 부드러워졌다.

🤖 대수쌤의 프롬프트 Tip

고객에게 보낼 자연스러운 리모델링 제안 메시지를 3문장 이내로 3가지 버전 만들어 주세요.

영업 티가 나지 않도록 부드럽게 작성해 주세요.

실전 활용 21 — 건강·연금·노후 관련 기사 요약해서 보내는 정보성 메시지 만들기

고객에게 꾸준히 가치를 전달하는 가장 좋은 방법은 유익한 정보를 간단하게 요약해 주는 것이다.

AI는 기사를 읽고 핵심 문장만 뽑아 정리하는 데 강하다. 요약에 메시지 한 줄만 더하면 훌륭한 정보성 문자가 된다.

좋은 구성은 다음과 같다.

- 기사 핵심 요약 2~3줄
- 고객에게 도움이 될 포인트
- 짧은 응원의 말

이 정도면 정보 전달과 관계 강화가 동시에 이루어진다.

✨ 현장 사례

U 설계사는 건강 관련 기사를 종종 공유했지만 요약이 길어 고객이 끝까지 읽지 않는 경우가 많았다. AI에게 "이 기사 핵심만 3줄로 정리해 줘."라고 입력하자 핵심만 모은 깔끔한 요약이 만들어졌다.

U 설계사는 그 요약 뒤에 "고객님께 도움이 될 것 같아 공유드립니다."라고 덧붙여 보냈다.

고객은 "정리해 주셔서 보기 편해요."라고 답했다.

🤖 대수쌤의 프롬프트 Tip

아래 기사 내용을 3줄로 요약해 주세요. 고객에게 도움이 될 포인트 1가지를 추가로 정리해 주세요.

말투는 간단하고 친절하게 작성해 주세요.

고객 관리에서 연 1회 점검 보고서는 큰 신뢰를 만든다.

AI를 활용하면 고객별 맞춤 보고서 양식을 몇 분 안에 만들어 둘 수 있다.

점검 보고서에는 다음 항목이 포함되면 좋다.

- 고객의 현재 보장 요약
- 부족해 보이는 부분
- 올해 변경된 제도·혜택
- 제안하고 싶은 점 2~3가지

이 양식을 고정해두면 매년 보고서 작성이 훨씬 수월해진다.

✨ 현장 사례

V 설계사는 매년 고객 점검 보고서를 만들 때마다 항목을 새로 구성하느라 시간을 많이 썼다.

AI에게 "고객 점검 보고서 양식 만들어 줘."라고 요청하자 간단하면서도 필요한 요소가 모두 담긴 구조가 바로 생성됐다.

V 설계사는 그 양식을 저장해두고 매년 활용했다.

🤖 대수쌤의 프롬프트 Tip

고객에게 드릴 연간 점검 보고서 양식을 만들어 주세요.
보장 요약, 부족한 부분, 제도 변화, 제안사항으로 구성해 주세요.

표 형태 또는 번호 목록으로 정리해 주세요.

 "혹시 주변에 이런 분 계시면 소개 부탁드려요" 멘트 5종 세트

소개 요청은 부드럽게 해야 효과가 있다.

직접적인 요청은 고객에게 부담을 줄 수 있지만 상황에 맞는 자연스러운 멘트는 오히려 고객이 쉽게 받아들인다. AI는 소개 요청용 문장을 여러 톤으로 만들어 줄 수 있다.

좋은 소개 요청 멘트의 조건은 간단하다.

- 고객의 신뢰를 먼저 언급
- 특정 상황을 제시해 부담을 낮춤
- 짧고 명료하게 요청

이 구조만 지키면 영업 티가 나지 않는다.

✨ 현장 사례

W 설계사는 소개 요청이 가장 어려운 업무라고 말했다. 그러다 AI에게 "부담 없는 소개 요청 멘트 5개"를 부탁했다.

AI는 감사형, 정보형, 상황형 등 다양한 톤의 문장을 만들어 주었다.

W 설계사는 고객에 따라 멘트를 골라 썼고 생각보다 자연스럽게 소개가 이어지는 경험을 했다.

대수쌤의 프롬프트 Tip

고객에게 부담을 주지 않는 소개 요청 멘트를 5가지 버전으로 만들어 주세요.

말투는 감사하고 부드럽게 작성해 주세요.

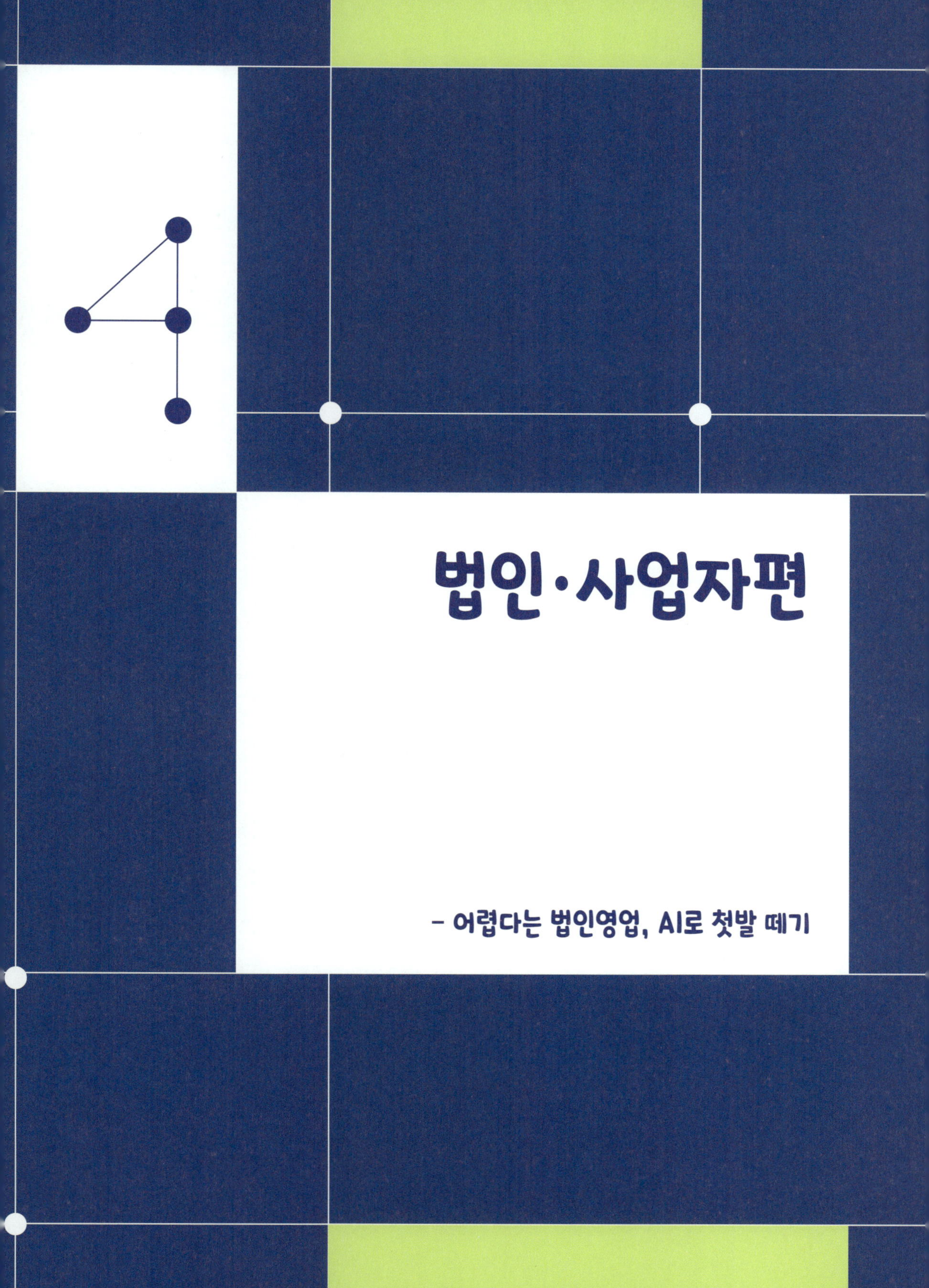
4
법인·사업자편
- 어렵다는 법인영업, AI로 첫발 떼기

법인·사업자 편

✦

어렵다는 법인영업, AI로 첫발 떼기

 **법인영업이 처음일 때 – [질문 & 준비]**

질문 08　법인영업, 개인영업과 뭐가 가장 다른가요?

법인영업을 어려워하는 가장 큰 이유는 누구와 이야기해야 하는지, 무엇을 물어야 하는지가 모호하기 때문이다.

개인영업은 고객 한 사람의 상황만 잘 이해하면 되지만 법인영업은 **조직 전체의 구조와 의사결정 흐름**을 파악해야 한다.

법인영업의 가장 큰 차이는 다음 세 가지이다.

- 고객이 '사람 1명'이 아니라 '조직'이라는 점
- 의사결정 과정이 길고 단계가 여러 개라는 점
- 보장의 목적이 개인 보호가 아니라 조직 운영 안정성이라는 점

이 세 가지를 이해하면 법인영업의 복잡함이 한층 단순해진다.

A 설계사는 법인영업을 하면 숫자와 재무를 다뤄야 할 것 같아 두려웠다.

그러나 첫 미팅에서 대표가 가장 궁금해했던 것은 "우리 회사에 어떤 위험이 있는지, 직원 복지에 어떤 영향을 줄 수 있는지"였다.

A 설계사는 개인영업 때 사용하던 질문 몇 가지를 확장해 설명했고 대표는 "우리 상황을 잘 보셨네요."라고 답했다.

그 경험 이후 A 설계사는 법인영업이 생각보다 사람 중심이라는 사실을 알게 됐다.

대수쌤의 프롬프트 Tip

법인영업을 처음 시작하는 사람을 위해 개인영업과 법인영업의 차이점을 5줄로 정리해 주세요.
의사결정 구조와 고객 특성 중심으로 설명해 주세요.

GPT답변

개인영업이랑 법인영업은 결정 방식부터 좀 달라요. 개인은 보통 고객님 한 분이 "괜찮다" 싶으면 비교적 빠르게 결정하시거든요. 그런데 법인은 인사팀, 재무팀, 대표님처럼 여러 분이 같이 보고, 단계적으로 결재가 나는 구조예요.

그리고 개인은 "내 가족, 내 상황에 뭐가 더 필요하지?"가 핵심이라면, 법인은 "회사 기준에 맞나, 문제가 생길 때 리스크를 줄여주나"를 더 먼저 봐요. 그래서 법인 쪽은 말로만 설명하기보다, 비교표나 근거 자료로 '왜 이게 맞는지'를 보여드리는 게 중요하죠.

한마디로 정리하면, 개인은 '고객님 한 분이 납득하면 끝'에 가깝고, 법인은 '회사 전체가 납득해야 진행'이라고 보시면 쉬워요.

 사업자 상담 때 꼭 알아야 할 최소한의 용어와 구조는?

법인영업에서 모든 재무·세무 용어를 알 필요는 없다.

다만 **상담을 이해하는 최소한의 구조**는 알고 있어야 대표와의 대화가 자연스럽게 이어진다.

핵심은 다음 네 가지이다.

- 매출·매입 구조(돈이 어떻게 들어오고 나가는지)
- 고정비·변동비(사업의 버팀목이 되는 비용)
- 인건비·복리후생비(직원 관련 비용 구조)
- 주요 리스크(업종 특성으로 인해 반복되는 문제들)

이 네 가지가 잡히면 대표가 어떤 고민을 갖고 있는지 한눈에 보인다.

✨ 현장 사례

B 설계사는 사업자 상담을 앞두고 재무제표를 어떻게 읽어야 할지 몰라 큰 걱정이 있었다.

그러나 AI에 "초보자를 위해 재무 기본 구조를 10줄로 설명해 줘."라고 입력하자 돈의 흐름과 비용 구성을 간단하게 정리한 문장이 나왔다.

그 내용을 기반으로 대표와 이야기하니 대표는 "설명이 깔끔해서 좋네요."라고 반응했다

대수쌤의 프롬프트 Tip

"법인사업자 상담이 처음인 초보 설계사를 위해
회사 재무의 기본 구조를
꼭 알아야 할 핵심만 중심으로
10줄 이내로 쉽게 설명해 주세요.

숫자 계산은 제외하고,
'흐름과 구조'를 이해하는 데 초점을 맞춰 주세요."

AI GPT답변

법인의 재무 구조는 어렵게 보면 복잡하지만,
기본 흐름은 생각보다 단순합니다.

1. 회사에는 매출이라는 형태로 돈이 들어옵니다.
2. 그 매출로 원가와 각종 비용이 나갑니다.
3. 비용을 빼고 남은 것이 이익입니다.
4. 비용에는 고정비와 변동비가 있습니다.
5. 고정비는 매달 거의 비슷하게 나가는 돈입니다.
6. 변동비는 매출에 따라 달라지는 비용입니다.
7. 직원이 많을수록 인건비 비중이 커집니다.
8. 대표는 항상 "이익이 안정적으로 남는 구조인가"를 고민합니다.
9. 예상치 못한 사건이 생기면 현금 흐름이 흔들릴 수 있습니다.
10. 그래서 법인은 '위험을 줄이고 구조를 안정시키는 장치'를 중요하게 봅니다.

질문 10 숫자·재무 쪽이 약해도 법인영업을 해도 될까요?

많은 설계사가 이 질문에서 멈춘다.

결론은 간단하다.

숫자가 약해도 법인영업은 충분히 가능하다.

법인영업의 핵심은 숫자를 읽는 능력이 아니라

• 회사의 흐름을 파악하는 질문
• 대표가 고민하는 지점을 발견하는 감각
• 조직 전체에 맞는 보상·보장 구조를 제안하는 사고

이 세 가지이다.

숫자·재무는 AI가 요약해 주면 된다.

설계사는 그 요약을 바탕으로 대표와 함께 의사결정을 돕는 역할에 집중하면 된다.

✨ 현장 사례

C 설계사는 숫자에 약하다는 이유로 법인영업을 피했다.

그러다 AI에게 회사 재무 상황을 요약해 달라고 요청해 보았다.

"이 회사는 인건비 비중이 높아 직원 복지 설명이 잘 맞습니다."라는 해석 중심의 설명을 AI가 제시해 주었다.

C 설계사는 그 내용을 대표와 이야기하며 법인영업이 '숫자 게임'이 아니라 '이 회사에 맞는 제안 찾기'라는 사실을 깨달았다.

🤖 대수쌤의 프롬프트 Tip

재무제표를 잘 모르는 사람도 법인영업을 할 수 있도록 재무 정보를 쉽게 요약하는 방법을 5줄로 알려 주세요.

🅰️ GPT답변

1. 먼저 "매출(얼마나 벌었나)–이익(남는 돈)–현금(지금 손에 있나)" 3가지만 본다.
2. 손익계산서는 "매출이 늘었나, 이익률이 좋아졌나" 두 줄만 체크한다.
3. 재무상태표는 "빚이 과한가(부채)–자기 돈이 있나(자본)"로 체력을 본다.
4. 현금흐름표는 "이익이 나도 현금이 새는지"를 확인하는 창이라 생각한다 (투자·빚 상환 때문에).
5. 마지막으로 "올해 위험 1개, 강점 1개, 필요한 질문 1개"로 한 장 요약을 만들어 대표에게 확인한다.

처음 상담하는 업종은 항상 어렵다. 병원인지, 제조업인지, 학원인지에 따라 대표가 고민하는 지점이 완전히 다르기 때문이다.

AI에게 업종 이름만 입력하면

- 해당 업종의 기본 구조
- 대표가 가장 고민하는 문제
- 직원 구성의 일반적인 패턴
- 업종 특유의 재무·리스크 특징

이 네 가지를 빠르게 알려준다.

현장 사례

D 설계사는 처음 가보는 기계부품 제조업 상담이 잡혀 불안했다.

AI에게 "기계부품 제조업의 주요 특징을 10줄로 알려 줘."라고 요청하자 현장의 인력 구조, 생산 리스크, 수요 변동성 등이 정리되어 나왔다.

D 설계사는 그 내용을 기반으로 사전 질문을 준비했고 대표는 "생각보다 우리 업종을 잘 알고 계시네요."라고 칭찬했다.

🤖 대수쌤의 프롬프트 Tip

아래 업종의 기본 구조, 대표 고민, 직원 구성, 대표 리스크를 10줄 이내로 정리해 주세요.

AI GPT답변

업종이 아직 적혀 있지 않아, 어떤 업종이든 바로 채워 넣어 쓸 수 있는 "10줄 템플릿"으로 먼저 드린다. 업종명만 주면 이 틀을 해당 업종에 맞게 꽉 채워 정리해 드린다.

> 1. 기본 구조: 이 업종은 고객이 돈을 내는 지점이 (판매/구독/수수료) 중심이다.
> '흐름과 구조'를 이해하는 데 초점을 맞춰 주세요."
> 2. 기본 구조: 비용은 (인건비/원재료/임대/마케팅/설비) 중 ( ) 비중이 크다.
> 3. 기본 구조: 일은 (수주→생산/서비스→납품/검수→정산) 흐름으로 돌아간다.
> 4. 대표 고민: 매출은 (신규 확보/재구매/단가)에서 흔들린다.
> 5. 대표 고민: 인력은 (채용/교육/이직/숙련)에서 막힌다.
> 6. 직원 구성: 현장은 (핵심 직무 1)과 (핵심 직무 2)가 중심이다.
> 7. 직원 구성: 사무는 (영업/관리/재무/인사) 중 ( )이 핵심이다.
> 8. 대표 리스크: 사고·분쟁이 나면 (현금/신뢰/거래처)부터 타격을 받는다.
> 9. 대표 리스크: 핵심 인력 공백이 생기면 (납기/품질/매출)로 바로 번진다.
> 10. 대표 리스크: "예상치 못한 큰 비용"은 (사고/클레임/법적 이슈/설비)에서 터진다.
>
> 업종명을 한 줄로만 적어줘도 된다(예: 제조업/건설업/병원/학원/IT SI/도소매 등). 그러면
> 위 10줄을 그 업종 말로, 대표가 바로 고개 끄덕이는 문장으로 완성한다.

실전 활용 25   병원·학원·식당·제조업 등 업종별 '대표 리스크 목록' 뽑기

업종별 리스크를 알고 가면 상담의 질이 달라진다.

대표는 "우리 업종을 이해하는 사람"에게 마음을 열기 때문이다.

AI는 업종마다 빈번하게 발생하는 위험을 짧고 명료한 리스트 형태로 정리해 준다.

예를 들어

- 병원: 의료사고, 인력 이탈, 환자 안전
- 학원: 학생 안전, 강사 고용, 학부모 민원
- 식당: 식중독, 위생 이슈, 직원 회전율
- 제조업: 산재, 설비 고장, 납기 리스크

이런 정리 하나만 있어도 상담 흐름이 쉬워진다.

E 설계사는 병원 상담을 준비하며 어떤 리스크가 중요한지 감을 잡기 어려웠다.

AI에 "병원의 대표 리스크 10개 정리해 줘."라고 입력하자 환자 안전, 감염 이슈, 의료 인력 교체 등 대표가 공감할 만한 항목들이 정리되었다.

E 설계사는 그 리스트를 토대로 상담을 진행했고 대표는 "우리 상황을 잘 알고 오셨네요."라고 말했다.

대수쌤의 프롬프트 Tip

병원 업종의 대표 리스크를 10개 목록으로 정리해 주세요.
대표가 공감할 수 있는 현실적인 내용으로 작성해 주세요.

GPT답변

1. 의료사고 및 의료분쟁 리스크: 예상치 못한 의료사고나 환자와의 분쟁이 발생하면 소송, 합의금, 평판 문제까지 동시 발생한다.
2. 의료진 이탈 리스크: 핵심 의료진(전문의·숙련 간호사)이 갑자기 퇴사하면 진료 공백 및 매출부진이 생긴다.
3. 환자 감소 및 매출 변동 리스크: 경쟁 병원 증가, 경기 변화, 온라인 평판 등에 따라 환자 수가 급격히 줄어들 수 있다.
4. 건강보험·수가 정책 변화 리스크: 건강보험 수가 조정이나 정부 정책 변화에 따라 수익 구조가 갑자기 바뀔 수 있다.
5. 평판·리뷰 리스크: 온라인 후기, SNS 이슈로 병원의 이미지가 훼손되면 신규 환자 유입이 크게 줄어든다.
6. 감염 사고 및 위생 관리 리스크: 병원 내 감염 문제나 위생 관리 이슈가 발생하면 환자 신뢰와 병원 운영에 큰 타격을 준다.
7. 고정비 부담 리스크: 임대료, 인건비, 의료장비 리스료 등 고정비가 높아 환자 수가 줄면 바로 재무 부담이 커진다.
8. 의료장비 투자 리스크: 고가 장비를 도입했지만 환자 수요가 예상보다 적으면 투자 회수 기간이 길어질 수 있다.

PART 4

9. 직원 인건비 및 조직 관리 리스크: 의료 인력 부족과 인건비 상승으로 인력 운영이 어려워지고 조직 갈등이 생길 수 있다.

10. 법적 규제 및 행정 리스크: 의료법, 개인정보 보호, 보험 청구 문제 등 행정 규정 위반 시 과태료나 행정 처분 위험이 있다.

실전 활용 26 · 대표에게 물어볼 핵심 질문 리스트 AI로 만들기

법인영업은 **질문을 얼마나 잘 하느냐**에 따라 성패가 갈린다.

대표가 어떤 문제를 중요하게 보는지에 따라 제안 방향이 완전히 달라지기 때문이다.

AI는 대표에게 물어볼 핵심 질문을 업종·규모·직원 구성에 맞춰 정리해 준다.

좋은 질문의 기준은 다음과 같다.

- 회사가 지금 가장 신경 쓰는 문제
- 인력·급여·복지 구조
- 재무·비용 구조의 부담 지점
- 성장·확장 계획

이 질문만 있어도 첫 미팅의 깊이가 달라진다.

✨ 현장 사례

F 설계사는 대표 미팅 전에 무엇을 물어야 할지 몰라 대화가 겉돌기 일쑤였다.

AI에게 "직원 20명 제조업 대표에게 물어볼 핵심 질문 10개"를 요청하자 현실적인 질문이 정리되었다.

그 질문을 기반으로 상담을 진행했더니 대표는 "필요한 걸 정확히 짚으시네요."라고 말했다.

대수쌤의 프롬프트 Tip

아래 회사 정보를 참고하여
대표에게 물어볼 핵심 질문 10개를 만들어 주세요.
경영 고민과 직원 복지에 대한 질문도 포함해 주세요.

GPT답변

1. 최근 산재 1건에서 "가장 힘들었던 지점"이 어디였나
   (현장 대응, 서류 처리, 직원 케어, 재발 방지 중 무엇인가)
2. 생산직과 사무직을 나눠 봤을 때, 요즘 가장 어려운 인력 문제는 무엇인가
   (채용, 숙련, 이직, 근태, 교육)
3. 평균 근속 4년을 바꾸고 싶다면, 대표님이 가장 먼저 손대고 싶은 것은 무엇인
   가(급여, 복지, 조직문화, 성장 경로)
4. 직원들이 실제로 가장 불만을 말하는 포인트 1~2개는 무엇인가
5. 지금 운영 중인 복지 중 "돈은 드는데 체감이 약한 항목"이 있는가
6. 반대로, 비용 대비 만족도가 높은 복지는 무엇인가
   (이건 유지·확대 후보가 된다)
7. 사고나 질병이 생겼을 때 회사가 지원하는 기준이 정해져 있는가
   (있다면 문서로 있는가, 없으면 누가 결정하는가)
8. 생산직/사무직에 복지를 동일하게 적용하길 원하는가, 아니면 직무 특성에 맞
   춰 다르게 설계하길 원하는가
9. 올해 경영에서 가장 큰 걱정 1순위는 무엇인가
   (납기, 원가, 매출, 거래처 집중, 설비, 현금흐름 중)
10. 향후 1~2년 계획이 어떻게 되나 (증원/라인 증설/설비 교체/공정 변경/이전 계획)
    그리고 그 계획에 복지가 어떤 역할을 해주길 원하는가

PART 4

 '이 회사에 맞는 제안 방향' 3가지를 AI와 같이 시뮬레이션

법인영업에서 가장 중요한 부분은 "이 회사에 맞는 제안이 무엇인가"를 정리하는 일이다.

AI는 회사의 규모, 업종, 인력 구조를 기반으로 가능한 제안 방향을 여러 가지 시나리오로 제시해 준다.

대표적인 방향은 다음과 같다.

- 직원 복지 강화형
- 사업주 리스크 보호형
- 비용 효율성 개선형

이 세 가지를 기반으로 실제 제안이 구체화된다.

✨ 현장 사례

G 설계사는 제조업 대표에게 어떤 제안을 해야 할지 고민이 컸다.

AI에게 회사 정보를 입력하고 "가능한 제안 방향 3가지"를 요청하자 직원 안전 보장 강화, 대표 보상 구조 정비, 고정비 부담 완화 등 현실적인 시나리오가 나왔다.

G 설계사는 그중 두 가지를 구체화해 제안했고 대표는 "우리 회사에 딱 맞는 방향이네요."라고 말했다.

아래 회사 정보를 기반으로 이 회사에 적합한 제안 방향 3가지를 만들어 주세요.
각 방향은 3줄 이내로 요약해 주세요.

AI GPT답변

1. 산재 이후 "사고 대응 체계" 먼저 정비
- 사고 발생 시 보고 ➡ 서류 ➡ 지원 기준을 한 장으로 표준화한다.
- 담당자와 처리 흐름을 정해 현장 혼선을 줄인다.
- 재발 방지 교육·안전 체크를 운영 루틴으로 묶는다.

2. 생산직·사무직을 나눠 "필요한 곳만" 맞추는 직무별 구성
- 위험이 큰 생산직은 사고·치료·회복 구간 중심으로 두텁게 잡는다.
- 사무직은 질병·통원·장기치료 부담을 줄이는 쪽으로 맞춘다.
- 겹치는 부분은 줄여 예산을 지키고, 빈틈만 채운다.

3. 근속 4년 구조에 맞춘 "체감형 복지 + 안내" 패키지
- 직원이 실제로 느끼는 핵심 복지 2~3가지만 선명하게 만든다.
- '회사에서 해주는 것' 안내문을 한 장으로 만들어 반복 안내한다.
- 채용·이직 방지에 도움이 되도록 입사 ➡ 정착 단계 기준을 세운다.

미팅 준비 & 제안서 - [실전 활용 28~35]

실전 활용 28 첫 미팅용 '5분 회사 브리핑 노트' 만들기

법인 첫 미팅에서 가장 중요한 것은 대표에게 "우리 회사를 이해하고 있구나."라는 인상을 주는 일이다.

AI는 회사 정보 몇 가지를 입력하면 5분 안에 설명할 수 있는 간단한 브리핑 노트를 만들어 준다.

좋은 브리핑 노트는 다음 구성으로 이루어진다.

- 회사 규모(인원, 업력, 업종)
- 주요 업무 흐름
- 예상되는 리스크 2~3가지
- 상담에서 확인해야 할 질문

이 노트 한 장이면 첫 미팅의 안정감이 크게 달라진다.

✨ 현장 사례

H 설계사는 첫 미팅 때 회사 설명이 길어져 대표의 집중도가 자꾸 낮아지는 경험을 했다.

AI에 "5분 브리핑 노트 만들어 줘."라고 요청하자 핵심만 정리된 간단한 문서가 생성됐다.

H 설계사는 그 노트를 들고 상담에 들어갔고 대표는 "이해가 빠르시네요."라고 긍정적인 반응을 보였다.

아래 회사 정보를 기반으로 5분 안에 설명할 수 있는 '회사 브리핑 노트'를 만들어 주세요.

규모, 주요 업무, 대표 리스크, 확인 질문 순서로 정리해 주세요.

🤖 **GPT답변**

규모

- 제조업, 직원 32명 규모입니다.
- 생산직과 사무직이 함께 있는 혼합 구조입니다.
- 평균 근속은 약 4년으로, 인력 이동을 전제로 한 "표준 운영"이 중요합니다.
- 최근 산재 1건이 있어 안전·대응 체계 정비 니즈가 확인됩니다.
- 대표님은 복지 체계 정비에 관심이 높습니다.

주요 업무

- 수주(또는 발주) ➡ 생산 ➡ 검수 ➡ 납품 ➡ 정산 흐름으로 돌아갑니다.
- 생산직은 현장 작업 안전과 생산성, 사무직은 일정·품질·정산·관리 안정이 핵심입니다.
- 현장 이슈가 생기면 납기와 거래처 신뢰에 바로 영향이 갑니다.

대표 리스크

- 작업 중 사고 재발: 비용보다도 현장 분위기와 신뢰가 흔들립니다.
- 설비 멈춤/납기 지연: 하루만 멈춰도 손실이 크게 체감됩니다.
- 직무별 필요 차이 미반영: 같은 기준으로 묶으면 과하거나 부족한 구간이 생깁니다.
- 사고 처리 혼선: 보고·서류·지원 기준이 없으면 현장이 더 혼란스러워집니다.
- 복지 체감 부족: "해주고 있는데도 모르는 복지"가 되면 불만이 쌓입니다.

확인 질문(첫 미팅에서 꼭)

- 최근 산재 1건에서 가장 어려웠던 지점은 어디였나요(현장 대응/서류/직원 케어/재발 방지 중)?
- 생산직/사무직 인원 구성과 근무 형태(교대·특근)가 어떻게 되나요?
- 직원들이 가장 불만을 말하는 복지 1~2개와, 가장 만족하는 복지 1~2개는 무엇인가요?

실전 활용 29   인원·급여·복지 구조를 AI에게 설명하고, 필요한 보장 정리받기

법인 제안에서 가장 중요한 자료는 인원·급여·복지 구조이다.

이 세 가지를 이해해야 회사가 어떤 보장이 필요한지 빠르게 파악할 수 있다.

AI는 구조만 입력하면, 필요한 보장을 자동으로 정리해 준다.

예를 들어 다음과 같은 내용을 전달하면 된다.

- 직원 수와 직군별 구성
- 평균 급여·급여 체계
- 현재 복지 제도(퇴직연금, 상해보장 등)
- 대표가 고민하는 비용 구조

AI는 이 정보를 바탕으로 "이 회사라면 우선 고려해야 할 보장"을 정확히 짚어 준다.

✨ 현장 사례

I 설계사는 직원이 45명인 병원 상담에서 복지 구조를 어디에 맞춰야 할지 몰라 고민했다.

AI에 구조를 입력하자 "의료인력 상해 리스크", "교대근무자의 건강보장" 등 현실적인 필요 보장이 정리됐다.

| 설계사는 제안 방향을 빠르게 잡을 수 있었다.

아래 회사의 직원 구성, 급여 구조, 복지 제도를 참고하여
이 회사가 우선 고려해야 할 보장 내용을 10줄로 정리해 주세요.
대표가 이해하기 쉬운 표현으로 작성해 주세요.

GPT답변

1. 작업 중 다쳤을 때 치료비와 회복비를 회사와 직원 모두가 덜 부담하도록 준비한다.
2. 다쳐서 오래 쉬게 될 때 생계가 흔들리지 않도록 "쉬는 기간 지원"을 마련한다.
3. 출퇴근이나 출장 중 사고도 현장 사고만큼 자주 일어나니, 그 구간까지 같이 챙긴다.
4. 직원이 큰 병을 겪을 때(특히 암·뇌·심장처럼) 초기 치료비 부담을 줄이는 장치를 둔다.
5. 가장의 부재가 생겼을 때 가족 생활이 무너지지 않도록 "가족 보호금" 성격의 준비를 한다.
6. 대표·공장장·핵심 기술자처럼 빠지면 라인이 흔들리는 인력은 별도로 더 두텁게 보호한다.
7. 큰 사고나 화재로 생산이 멈출 때 회사가 버틸 수 있도록 "멈춘 기간 비용"을 대비한다.
8. 납품 이후 문제나 현장 사고로 거래처·외부 사람에게 피해가 갈 때 배상 부담을 줄이는 장치를 둔다.
9. 직원 복지는 "많이"보다 "자주 쓰는 것"이 먼저라서, 통원·검진·치료 접근성을 높이는 구성을 우선한다.
10. 무엇보다 사고가 났을 때 누구에게 어떻게 신청하는지까지 한 장으로 정해, 운영이 끊기지 않게 만든다.

 PPT·제안서 목차를 AI로 먼저 설계한 뒤 채워 넣기

제안서를 잘 만드는 비결은 처음부터 내용을 채우는 것이 아니라 **목차 구조부터 설계하는 것**이다. AI는 제안 목적에 맞는 목차를 먼저 구성해 준다.

좋은 구조는 다음과 같다.

- 회사 현황 요약
- 제안 방향 2~3가지
- 비용 및 도입 절차
- 현재 보장 및 리스크
- 예상 효과

목차가 잡히면 설계사는 내용을 질서 있게 채워넣기만 하면 된다.

✨ 현장 사례

J 설계사는 제안서를 작성할 때마다 슬라이드 순서가 뒤죽박죽 되는 문제가 있었다.

AI에게 "제안서 목차 먼저 설계해 줘."라고 요청하자 상담 목적에 맞는 논리적 흐름이 정리됐다.

그 이후 J 설계사는 제안 구성 시간이 절반으로 줄었다.

대수쌤의 프롬프트 Tip

아래 회사 상황을 기반으로
PPT 제안서 목차를 7~9개 항목으로 설계해 주세요.
도입 논리 ➡ 제안 방향 ➡ 기대 효과 순서가 자연스럽게 이어지도록 작성해 주세요.

GPT답변

1. 회사 현황 요약
- 직원 32명, 생산직+사무직 혼합 / 평균 근속 4년 / 최근 산재 1건
- 대표 관심사: 복지 체계 정비와 운영 효율

2. 왜 지금 정비가 필요한가

- 산재 이후 "사고 대응 기준"이 회사 신뢰와 비용을 좌우함
- 인력 이동이 있는 조직일수록 표준 체계가 필요함

3. 업종 리스크 한 장 정리

- 사람 사고, 설비 멈춤, 납기·품질 이슈가 핵심 리스크
- 사고·클레임 발생 시 비용보다 운영 혼선이 더 커짐

4. 현재 복지·보장 점검 포인트

- 겹치는 곳/비는 곳, 직무별 차이 미반영, 안내 부족
- 사고 처리 흐름 부재로 현장 혼선 가능

5. 제안 방향 1: 사고 대응 체계 표준화

- 보고 ➡ 서류 ➡ 지원 기준을 한 장으로 정리
- 담당자/처리 순서/직원 안내까지 포함

6. 제안 방향 2: 직무별(생산/사무) 맞춤 구성

- 생산직은 사고·치료·회복 구간 중심
- 사무직은 질병·통원 부담 중심, 예산은 필요한 곳에 집중

7. 제안 방향 3: 체감형 복지 + 안내 패키지

- 직원이 바로 느끼는 핵심 복지 2~3개를 선명하게
- "회사에서 해주는 것" 1장 안내문으로 반복 안내

8. 기대 효과

- 사고 시 혼선 감소, 비용 예측 가능, 직원 신뢰 상승
- 채용·이직 방지에 도움, 생산 안정성 강화

9. 실행 로드맵 및 다음 단계

- 자료 수집 ➡ 2안 비교(예산 범위) ➡ 확정·안내·운영 시작
- 다음 미팅 준비 자료 목록 및 일정 제안

 대표·재무팀에게 설명할 때 쓰는 '간단·명확' 설명 문장 만들기

법인 제안은 복잡해 보일수록 실패한다.

대표와 재무팀이 가장 원하는 것은 **짧고 명확한 설명**이다.

AI는 숫자·보장·절차를 쉽게 풀어쓰는 데 강하다.

좋은 설명 문장은 다음 성격을 갖는다.

- 2~3문장으로 하나의 논리를 전달
- 전문 용어는 일상 표현으로 변환
- "이 제안이 회사에 어떤 도움이 되는지" 선명히 제시

이렇게 설명하면 미팅의 긴장도도 낮아진다.

✨ 현장 사례

K 설계사는 재무팀과 이야기할 때마다 설명이 길어져 설득력이 떨어지는 것을 고민했다.

AI에 "재무팀에게 설명할 3줄 요약 만들어 줘."라고 입력하자 단순하면서도 핵심만 담은 문장이 만들어졌다.

K 설계사는 그 내용을 사용했고 재무팀은 "요점이 아주 명확하네요."라고 반응했다.

🤖 대수쌤의 프롬프트 Tip

아래 제안 내용을 재무팀이 이해하기 쉽게 3줄 요약으로 정리해 주세요. 전문 용어는 모두 일상 표현으로 바꿔 주세요.

🤖 GPT답변

1. 사고가 났을 때 회사가 어떻게 처리하고 어디까지 지원할지 기준을 한 장으로 정해, 갑작스러운 지출과 현장 혼선을 줄입니다.

2. 생산직·사무직을 나눠 꼭 필요한 부분만 챙기고, 겹치거나 효과가 약한 지출은
   정리해 예산을 같은 범위 안에서 더 효율적으로 씁니다.
3. 직원 안내를 한 장으로 통일해 문의·처리 시간을 줄이고, 운영이 안정되도록
   다음 미팅에서 비교안(비용/효과)을 제시해 최종 확정합니다.

실전 활용 32 임직원 설명회 멘트 초안을 AI로 통째로 뽑아보기

직원 대상 설명회에서는 정보를 단순하게 전달하면서도 불안감을 줄이는 말투가 중요하다.

AI는 전체 멘트 구조를 한 번에 만들기 때문에 초안 작업 시간이 크게 단축된다.

설명회 멘트 구성은 다음 흐름이면 충분하다.

- 인사 및 안내
- 왜 이 제도가 필요한지
- 직원에게 어떤 도움이 되는지
- 꼭 기억해야 할 핵심 3가지
- 질문 받기 안내

이 구조만 지켜도 설명회 품질이 안정적이다.

✨ 현장 사례

L 설계사는 임직원 설명회를 준비할 때 멤버십 혜택과 보장 설명이 너무 길어지는 어려움이 있었다.

AI에게 "설명회 전체 멘트 만들어 줘."라고 요청하자 간단하면서도 직원들이 이해하기 쉬운 흐름이 정리되었다.

설명회는 훨씬 부드럽게 진행됐다.

대수쌤의 프롬프트 Tip

임직원 설명회에서 사용할 전체 멘트 초안을 만들어 주세요.
도입 ➡ 필요성 ➡ 직원 혜택 ➡ 핵심 3가지 ➡ 마무리 순으로 구성해 주세요.
말투는 부드럽고 안정감 있게 작성해 주세요.

GPT답변

안녕하세요, 여러분. 잠깐 시간 내주셔서 감사합니다.
오늘은 회사에서 준비하는 복지·보장 정비 내용을, 어렵지 않게 핵심만 안내드리려고 합니다. "가입을 권하는 자리"가 아니라, 회사 기준을 정리하고 여러분이 알아야 할 내용을 한 번에 정돈하는 시간입니다.

우선, 왜 이런 정비가 필요하냐면요.
우리 회사는 생산직과 사무직이 함께 일하고, 현장과 사무의 상황이 다릅니다. 그런데 복지와 보장은 한 번 만들어두면 시간이 지나면서 현실과 조금씩 어긋나기 쉽습니다. 최근에 있었던 일들을 계기로, "필요한 건 더 확실하게, 불필요한 건 줄여서" 더 안전하고 깔끔한 체계로 정리하려는 목적입니다.
정리하면, 회사도 운영이 안정되고, 직원 여러분도 '어려운 순간에 실제로 도움이 되는' 방향으로 맞추는 작업입니다.

직원 입장에서의 혜택은 크게 세 가지입니다.
첫째, 혹시라도 사고나 질병 같은 일이 생겼을 때, 회사가 어떻게 도와주는지 기준이 더 분명해집니다.
둘째, 문의할 때마다 사람마다 말이 달라지는 상황을 줄이고, "어디에 연락하면 무엇을 어떻게 하면 되는지"가 한 번에 정리됩니다.
셋째, 생산직/사무직처럼 일하는 환경이 다른 점을 반영해, 도움이 되는 부분을 더 정확히 챙기게 됩니다.

오늘 꼭 기억하실 핵심 3가지만 말씀드리겠습니다.
첫 번째, 회사 지원 기준과 처리 흐름을 한 장으로 정리합니다. 사고나 치료가 필요한 상황에서 '무엇을 먼저 해야 하는지'가 더 쉬워집니다.
두 번째, 직무 특성에 맞게 필요한 부분을 중심으로 정비합니다. 누구에게나 똑같이가 아니라, 실제로 필요한 구간을 더 현실적으로 맞춥니다.

실전 활용 33   "왜 지금 이 제안을 해야 하는지" 설득 논리를 AI와 함께 짜보기

법인 제안에서 가장 중요한 문장은 바로 이 문장이다.

"왜 지금 이 제안을 해야 하는가?"

AI는 회사의 상황, 업종, 재무 흐름을 바탕으로 이 질문에 대한 설득 논리를 여러 관점에서 만들어 준다.

설득 논리는 보통 다음 세 가지 관점으로 구성된다.

- 비용 측면(지금 해야 절감 효과가 크다)
- 리스크 측면(현재 방치하면 위험이 커진다)
- 복지 측면(직원 만족·채용 경쟁력 강화)

이 세 축이 균형을 이루면 설득력이 높아진다.

✨ 현장 사례

M 설계사는 대표가 "왜 올해 해야 하는가?"라는 질문을 던질 때마다 명확한 논리를 만드는 데 어려움을 겪었다.

AI에게 회사 상황을 입력하고 논리를 요청했더니 지금 도입할 때의 장점이 구체적으로 정리됐다.

대표는 "이해가 되네요. 바로 검토해보죠."라고 반응했다.

아래 회사 상황을 기반으로 '왜 지금 제안을 해야 하는지' 설득 논리를 3가지 관점에서 정리해 주세요.
각 항목은 3줄 이내로 작성해 주세요.

GPT답변

1. 리스크 관점(사고·혼선 줄이기)
- 최근 산재 1건은 "다음도 올 수 있다"는 신호다.
- 지금 기준을 정리해 두면, 사고가 나도 현장 혼선과 추가 비용이 줄어든다.
- 정비는 가입이 아니라 '대응 체계'를 만드는 일이다.

2. 비용 관점(예산을 지키면서 효율 올리기)
- 복지·보장은 시간이 지나면 겹치거나 효과가 약한 지출이 생긴다.
- 지금 정리하면 같은 예산 안에서 필요한 곳에 더 정확히 쓸 수 있다.
- 재무팀도 "왜 이 비용이 나가는지"를 한눈에 관리할 수 있다.

3. 인력 관점(채용·이직·신뢰)
- 평균 근속 4년 조직은 '체감 복지'가 신뢰와 유지에 영향을 준다.
- 직원이 알아야 쓸 수 있으니, 안내와 기준을 단순하게 만드는 게 핵심이다.
- 지금 정비하면 채용 경쟁력과 내부 분위기를 동시에 잡는다.

 법인·개인(퇴직연금·복지) 패키지 설명 스크립트 만들기

법인 제안에서는 회사와 직원 모두에게 도움이 되는 복합 패키지를 함께 설명해야 할 때가 많다.

AI는 복잡한 구성도 간단한 흐름으로 정리해 준다.

좋은 패키지 설명은 다음 구조가 적합하다.

- 회사에 도움이 되는 요소
- 직원 개인에게 도움이 되는 요소
- 회사·직원이 함께 얻는 효과
- 제도 도입 후 기대 변화

이 흐름을 기반으로 설명하면 어려운 내용도 쉽게 전달된다.

✨ 현장 사례

N 설계사는 퇴직연금과 복지를 함께 설명할 때 두 내용이 뒤섞여 설명이 길어지는 어려움이 있었다.

AI에게 "패키지 설명 스크립트"를 요청하자 회사 ➡ 직원 ➡ 공통효과 순으로 정리된 초안이 만들어졌다.

대표는 "듣기 편하고 이해가 빠르네요."라고 말했다.

🤖 대수쌤의 프롬프트 Tip

법인 보장 + 직원 복지 패키지를 설명하는 스크립트를 만들어 주세요.
회사 혜택 ➡ 직원 혜택 ➡ 공통 효과 ➡ 기대 변화 순서로 정리해 주세요.
말투는 명확하고 부드럽게 작성해 주세요.

회사 혜택

대표님, 이번 패키지는 "보험을 늘리는 제안"이 아니라, 회사가 사고와 큰 지출을 더 예측 가능하게 관리하도록 기준을 세우는 정비입니다.

사고나 질병이 생겼을 때 보고부터 처리까지 흐름이 정리되면, 현장 혼선이 줄고 대응 시간이 짧아집니다.

생산직과 사무직을 구분해 필요한 부분만 챙기면, 같은 예산에서도 낭비를 줄이고 효율을 높일 수 있습니다.

직원 혜택

직원 입장에서는 "회사에서 어디까지 도와주는지"가 분명해지는 게 가장 큽니다.

아플 때나 다쳤을 때 지원 기준이 명확하면 불안이 줄고, 문의할 때마다 답이 달라지는 일도 줄어듭니다.

또 직무에 따라 필요한 부분이 다르기 때문에, 실제로 도움이 되는 구간을 중심으로 준비하는 게 체감이 큽니다.

공통 효과

회사와 직원 모두에게 공통으로 좋은 점은 "예상치 못한 일이 생겨도 흔들림을 줄인다"는 것입니다.

큰 사건이 생기면 돈보다 더 크게 흔들리는 게 일정, 사람, 분위기인데, 그 흔들림을 줄이는 구조를 만드는 겁니다.

그리고 안내를 한 장으로 통일하면, 운영과 커뮤니케이션이 훨씬 단순해집니다.

기대 변화

정비가 끝나면, 대표님은 복지·보장을 "감"이 아니라 "기준"으로 관리하게 됩니다.

직원들은 회사가 준비한 내용을 이해하고 체감하면서 신뢰가 쌓입니다.

결과적으로 사고 대응이 빨라지고, 불필요한 지출은 줄고, 채용·이직 관리에도 도움이 되는 방향으로 회사가 한 단계 안정됩니다.

 # 미팅 후 보낼 정리 메일·요약 문자 자동 작성하기

미팅의 마무리는 정리 메일과 요약 문자이다.

AI는 대화 내용을 기반으로 깔끔하게 정리된 후속 메시지를 만들어 준다.

설계사는 필요 부분만 조정해 보내면 된다.

정리 메시지의 기본 구성은 다음과 같다.

- 오늘 논의한 주요 내용
- 합의된 방향 또는 다음 단계
- 준비해야 할 자료나 일정
- 감사 인사

이 네 가지가 포함되면 고객이 매우 신뢰를 느낀다.

✨ 현장 사례

O 설계사는 미팅 후 정리 메일을 쓰는 데 시간이 오래 걸렸다.

AI에게 "미팅 요약 메일 만들어 줘."라고 입력하자 간단하고 정확한 메일 초안이 바로 생성되었다.

O 설계사는 약간만 수정해 전송했고 대표는 "정리가 잘 되어 있어 좋네요."라고 답했다.

> ### 🤖 대수쌤의 프롬프트 Tip
>
> 아래 미팅 내용을 바탕으로 대표에게 보낼 정리 메일과 문자 초안을 각각 작성해 주세요.
> 핵심 내용과 다음 단계가 명확하게 드러나도록 구성해 주세요.

AI GPT답변

대표님 안녕하세요. ㅇㅇㅇ입니다.
오늘 미팅 시간 내주셔서 감사드립니다. 논의된 핵심과 다음 단계를 아래에 정리
드립니다.

[미팅 핵심 내용]
1. 직원 32명 규모의 생산직+사무직 혼합 구조에 맞춰 복지·보장 체계를 "운영하
   기 쉬운 기준"으로 정비하기로 했습니다.
2. 최근 산재 1건을 계기로, 사고 발생 시 보고–서류–지원 기준을 한 장으로 정리
   해 현장 혼선을 줄이는 방향을 우선으로 잡았습니다.
3. 생산직/사무직의 업무 특성을 반영해, 겹치는 지출은 줄이고 필요한 구간만
   채우는 방식으로 예산 효율을 높이기로 했습니다.
4. 직원들이 실제로 '알고 체감'할 수 있도록 안내 자료를 단순하게 만드는 것이
   중요하다는 점을 확인했습니다.

[다음 단계(제가 준비해 올 내용)]
   • 현황을 바탕으로 2가지 비교안(운영 방식/예산 범위)을 구성해, 다음 미팅에서
     선택·확정할 수 있게 정리해 오겠습니다.
   • 사고 대응 흐름(보고→처리→지원) 초안 1장과 직원 안내 1장(초안)도 함께 준비
     하겠습니다.

[다음 미팅 전 대표님께 부탁드릴 준비 항목(3가지)]
1. 인원 구성 및 근무 형태: 생산직/사무직 인원, 교대근무 여부
2. 현재 운영 중인 복지 항목 목록: 회사 지원 내용(식대/교통/검진/경조 등)
3. 산재 1건 관련 간단 메모: 발생 시기, 처리 과정에서 어려웠던 지점(핵심만)

가능하시면 다음 미팅 후보 일정 2~3개만 알려주시면, 대표님 일정에 맞춰 진행
하겠습니다.
감사합니다.
ㅇㅇㅇ 드림

실전 활용 36 분기·반기·연간 리포트 기본 틀을 AI로 설계해 두기

법인 고객은 정기적인 보고를 중요하게 여긴다.

분기·반기·연간 리포트는 회사의 보장·비용·변동 사항을 정리해 대표가 빠르게 상황을 파악할 수 있도록 돕는다.

AI는 이 리포트의 **기본 골격**을 빠르게 설계해 준다.

좋은 리포트 틀은 다음 요소를 포함한다.

- 회사의 이번 기간 주요 변화 요약
- 보장 구조 및 갱신·만기 일정
- 직원 구성 변화(입·퇴사, 급여 변동 등)
- 개선 필요 지점과 제안 방향
- 다음 분기 점검 일정

이 틀을 고정해두면, 이후에는 내용만 채워 넣으면 된다.

✨ 현장 사례

P 설계사는 법인 담당자가 바뀔 때마다 보고서 형식을 다시 맞추느라 시간이 많이 들었다.

AI에게 "분기·반기·연간 리포트 틀을 만들어 줘."라고 요청하자 필요한 항목들을 구조적으로 정리한 문서가 바로 생성되었다.

P 설계사는 그 틀을 고정 양식으로 사용했고 대표는 "정리가 잘 되어 있어 보기 편합니다."라고 말했다.

법인 고객에게 드릴 분기·반기·연간 리포트의 기본 틀을 만들어 주세요.
요약, 보장 현황, 인원 변화, 개선 포인트, 다음 일정 순서로 구성해 주세요.

GPT답변

법인 리포트 기본 틀(분기/반기/연간 공용)

1. 요약(1페이지 상단)

- 기간: 20XX년 ○분기 / 상반기 / 연간
- 결론 3줄:
  - 이번 기간 핵심 이슈: (예: 산재/인원 변동/복지 문의 증가)
  - 조치한 내용: (예: 기준 정리/안내 배포/구성 조정)
  - 다음 기간 우선 과제: (예: 직무별 보완/예산 재정렬)
- 한눈에 보는 지표(선택):
  - 인원: 총원 ○명(전기 대비 ±○)
  - 사고/청구: ○건(주요 사유 1줄)
  - 문의: ○건(상위 1~2개 주제)

2. 보장 현황(현재 상태를 "구조"로 보여주기)

- 적용 범위: 전 직원 / 직무별(생산/사무) / 선택 가입자
- 회사 지원 항목 요약(3~5줄):
  - 사고/치료 지원: (범위 1줄)
  - 큰 병 대비: (범위 1줄)
  - 핵심 인력: (대상/기준 1줄)
- 운영 상태 점검
  - 안내(직원에게 전달됨/미전달)
  - 처리 흐름(정리됨/보완 필요)
  - 예산(계획 대비 안정/조정 필요)

3. 인원 변화(인사 변화가 체계에 주는 영향)

- 인원 변동 요약: 입사 ○ / 퇴사 ○ / 부서 이동 ○
- 직무 구성 변화: 생산직 ○ ➡ ○, 사무직 ○ ➡ ○
- 변화에 따른 체크 포인트:

- 신규 입사자 안내 필요 여부
- 직무별 기준 재조정 필요 여부
- 담당자/연락 체계 업데이트 필요 여부

4. 개선 포인트(겹침 줄이고, 빈틈 채우기)
- 잘 유지할 것 2가지: (예: 운영 기준, 직원 안내)
- 보완할 것 3가지:
  - (예: 사고 처리 단계 중 막히는 구간)
  - (예: 직무별 차이 반영 부족)
  - (예: 안내 부족으로 체감 낮음)
- 즉시 실행 1~2개: (이번 달 안에 가능한 것)
- 다음 기간 과제 1~2개: (결재/자료 필요)

5. 다음 일정(대표가 바로 결정할 수 있게)
- 다음 점검 미팅 제안: ○월 ○주 / 소요시간 ○분 / 참석: 대표·인사·재무
- 다음 미팅 전 준비 자료(2~3개):
  - 인원 변동 리스트(직무 포함)
  - 복지 운영 변경사항(있으면)
  - 최근 사고/문의 메모(핵심만)
- 다음 리포트 발행 예정: ○분기 말 / 반기 말 / 연말

원하시면 이 틀을 "제조업(생산/사무 혼합, 30~40명)" 버전으로 예시 문장까지 채워서 한 장짜리 샘플로도 만들어 드리겠습니다.

실전 활용 37 세제·제도 변화 있을 때, 대표에게 보내는 안내문 작성하기

법인을 운영하는 대표에게 가장 중요한 정보 중 하나는 세제·노무·보장 제도 변화이다.

AI는 복잡한 제도 설명을 **대표가 이해하기 쉬운 3~5줄 요약**으로 정리해 준다.

안내문의 기본 구조는 다음과 같다.

- 어떤 제도가 변경되었는지
- 회사와 직원에게 어떤 영향이 있는지
- 필요한 준비 또는 체크 포인트
- 추가 상담 안내

이 구조를 지키면 안내문이 길어지지 않는다.

✨ 현장 사례

Q 설계사는 제도 변화가 있을 때마다 대표에게 어떤 방식으로 설명해야 할지 고민이었다.

AI에 "이번 제도 변경 내용을 대표에게 보내는 안내문으로 정리해 줘."라고 입력하자 짧고 명확한 메시지가 만들어졌다.

대표는 "핵심만 알려줘서 이해가 쉽네요."라고 답했다.

🤖 대수쌤의 프롬프트 Tip

아래 세제·제도 변경 내용을 대표에게 보내는 5줄 안내문으로 정리해 주세요. 영향과 준비해야 할 사항을 명확하게 표현해 주세요.

AI GPT답변

좋습니다. 다만 "세제·제도 변경 내용"이 아직 붙어 있지 않아, 사실과 다른 안내문을 만들 위험이 있습니다. 변경 내용을 그대로 붙여주면 그 문장만 근거로 5줄 안내문을 정확히 정리해 드리겠습니다.
우선 대표에게 보내기 좋은 5줄 틀(복사해 사용)부터 드린다. 아래 [ ]만 채워 넣으면 됩니다.

1. 대표님, [세제/제도명]이 [시행일]부터 이렇게 바뀝니다: [핵심 변경 1줄].
2. 회사에 미치는 영향은 [비용/절차/서류/대상] 중 [가장 큰 영향]입니다.
3. 특히 [적용 대상/예외/기한]을 놓치면 [불이익/추가 부담]이 생길 수 있습니다.
4. 준비할 일 1) [해야 할 조치] 2) [확인할 서류/기준]입니다.

5. 제가 [정리본/체크리스트/안내문]으로 한 장 요약을 만들어 드리겠습니다. 확인하실 자료는 [필요 자료 1~2개]만 부탁드립니다.

변경 내용을 붙여주실 때는 "시행일 / 바뀌는 핵심 3가지 / 적용 대상 / 유예·예외"만 포함해 주시면 충분합니다.

실전 활용 38 임직원 공지·복지 안내문을 상황별 표준 양식으로 뽑아두기

법인 고객은 직원에게 전달할 안내문이 자주 필요하다.

갱신 안내, 복지 변경, 신규 제도 도입 등 회사 규모가 커질수록 공지 문서는 더욱 중요해진다.

AI는 상황별 안내문을 **표준양식(template)** 형태로 만들어 준다.

안내문의 핵심 구성은 다음과 같다.

- 안내 목적
- 적용 대상
- 변경 내용 또는 혜택
- 시행 시기
- 문의처 또는 담당자 안내

이 양식을 미리 만들어 두면 법인이 필요한 문서를 바로 제공할 수 있다.

✨ 현장 사례

R 설계사는 복지 제도 변경 시 공지문을 만드는 데 30분 이상 걸리는 일이 많았다.

AI에게 "복지 안내문 표준 양식 만들어 줘."라고 요청하자 필수 항목을 포함한 간단한 양식이 바로 생성되었다.

R 설계사는 이 양식을 회사마다 조정해 활용했다.

대수쌤의 프롬프트 Tip

임직원에게 전달할 공지·복지 안내문 표준 양식을 만들어 주세요.
목적, 대상, 내용, 시행 시기, 문의처 순서로 정리해 주세요.

GPT답변

임직원 공지·복지 안내문 표준 양식(복사해서 사용)
제목: [공지/복지 항목 이름] 안내

목적
이 안내의 목적은 [무엇을/왜] 입니다.
직원 여러분이 [기대 효과/도움]을 쉽게 받으실 수 있도록 정리했습니다.

대상
적용 대상: [전 임직원 / 생산직 / 사무직 / 입사 ○개월 이상 / 가족 포함 여부]
제외/예외: [해당 시만 기재]

내용
핵심 1: [무엇을 지원/제공하는지]
핵심 2: [어떻게 신청/이용하는지]
핵심 3: [필요한 서류/절차/유의사항]
자주 묻는 질문(선택)
Q. 언제부터 적용되나요? A. [ ]
Q. 어떤 경우에 이용하나요? A. [ ]
Q. 비용 부담이 있나요? A. [ ]

시행 시기
시작일: [YYYY.MM.DD]
적용 기준: [발표일 기준 / 신청일 기준 / 발생일 기준]
안내 일정(선택): [설명회/자료 배포/개별 안내 여부]

실전 활용 39　재계약·추가 제안 타이밍에 보낼 '점검 제안' 메일/문자 만들기

법인 고객은 바쁘기 때문에 재계약이나 추가 제안 타이밍을 설계사가 먼저 잡아줘야
한다.

AI는 상황에 맞는 **점검 제안 메시지**를 부담스럽지 않게 작성해 준다.

좋은 점검 제안 메시지는 다음 요소를 포함한다.

- 현재의 상황(갱신, 만기, 비용 변화 등)
- 점검이 필요한 이유
- 선택은 대표가 한다는 톤
- 필요한 경우 미팅 제안

이 흐름이면 영업 티가 나지 않고 자연스럽다.

✨ 현장 사례

S 설계사는 점검 이야기를 꺼낼 때 대표가 부담스러워하는 표정을 자주 보았다.

AI에게 "부드러운 점검 제안 문장 3가지를 만들어 줘."라고 요청하자 배려가 담긴 짧은
문장이 여러 버전 생성됐다.

S 설계사는 그중 하나를 보냈고 대표는 "좋은 타이밍에 안내해 주셔서 감사합니다."라고 반응했다.

대수쌤의 프롬프트 Tip

재계약·추가 제안 타이밍에 보낼 부드러운 점검 제안 메시지를 3가지 버전으로 작성해 주세요.
상황 설명 ➡ 점검 이유 ➡ 선택권 존중 흐름으로 구성해 주세요.

GPT답변

1. ○○님 안녕하세요. 계약(또는 보장) 시점이 가까워져서 가볍게 안내드립니다.
   지금 상황에서 바뀐 부분이 있는지와, 그대로 유지하는 게 맞는지만 짧게 점검해 드리려고 합니다.
   편하신 시간에 10분만 가능하실까요? 원치 않으시면 이번엔 그냥 유지로 정리해도 괜찮습니다.
2. ○○님, 오랜만에 연락드립니다. 재계약/추가 안내 시점이라 한 번만 체크하려고요.
   보험은 늘리기보다 "지금 생활에 맞는지"가 더 중요해서, 겹치는 곳이나 비는 곳만 확인해 드리겠습니다.
   가능하실 때 잠깐만 봐도 되고요, 불편하시면 다음에 필요할 때 말씀 주셔도 됩니다.
3. ○○님 안녕하세요. 지난번에 정리해 드린 내용 기준으로 확인할 시점이 되어 연락드립니다.
   이번엔 가입 얘기보다, 변경된 가족·소득·건강 사항이 있는지 확인하고 가장 편한 방향으로 정리해 드리려 합니다.
   시간 괜찮으실 때 짧게 점검해도 되고, 원하실 때만 진행하셔도 됩니다.

 ## 여러 법인 고객을 한눈에 관리하기 위한 'AI용 메모 양식' 만들기

법인 고객이 여러 곳이 되면 각 회사의 구조·리스크·도입 제도·대화 이력 등을 기억하기 어렵다.

AI는 "고객 메모 양식"을 만들어 놓으면 언제든지 빠르게 내용을 정리해 준다.

이 양식은 설계사의 기억을 대신하는 역할을 한다.

좋은 AI 메모 양식의 구성은 다음과 같다.

- 회사 기본 정보(업종, 인원, 매출대략 등)
- 대표의 경영 스타일 및 고민
- 직원 구성 특징
- 현재 도입 보장 및 복지 제도
- 향후 점검 필요 항목
- 미팅 메모 요약

이 틀을 활용하면 여러 법인 고객을 체계적으로 관리할 수 있다.

✨ 현장 사례

T 설계사는 법인 고객이 늘어나면서 "이 회사는 어떤 구조였지?"라는 질문을 자주 하게 됐다.

AI에 "법인 고객 메모 양식 만들어 줘."라고 요청하자 체계적인 표 형식의 양식이 바로 생성됐다.

T 설계사는 모든 법인 고객을 이 양식으로 정리했고 미팅 준비 시간이 크게 줄었다.

대수쌤의 프롬프트 Tip

여러 법인 고객을 관리하기 위해 사용할 AI 메모 양식을 만들어 주세요. 기본 정보, 직원 구성, 보장 구조, 경영 고민, 점검 항목, 최근 대화 내용으로 구성해 주세요.

GPT답변

법인 고객 AI 메모 양식(복사해서 사용)

1. 기본 정보
- 회사명 / 업종:
- 대표 성함 / 직책 / 연락처:
- 담당자(인사/총무/재무) / 연락처:
- 사업장 위치(공장/사무):
- 거래 시작일 / 주요 일정(갱신월·정산월):
- 우리 쪽 목표: (복지 정비 / 보장 점검 / 리스크 관리 / 비용 최적화 등)

2. 직원 구성
- 총원: ○명
- 구성: 생산직 ○ / 사무직 ○ / 영업 ○ / 관리 ○
- 근무 형태: 주간 / 교대(조 편성:) / 특근 빈도:
- 평균 근속: ○년
- 채용·이직 이슈: (어려운 직무 / 주요 퇴사 사유 / 채용 소요기간)

3. 보장 구조(회사 기준 요약)
- 회사가 제공하는 것(한 줄):
- 대상 범위: 전 직원 / 직무별 / 선택 가입
- 핵심 항목 3가지:
  - 사고·치료 지원:
  - 큰 병 대비:
  - 핵심 인력(대표·공장장 등):
- 운영 방식: 회사 부담 / 일부 직원 부담 / 혼합
- 사고/문의 처리 흐름: 정리됨 / 보완 필요(막히는 단계:)

4. 경영 고민(대표 관점)

- 올해 1순위 고민: (원가 / 납기 / 인력 / 거래처 / 설비 / 현금흐름)
- 최근 사건/이슈: (산재, 클레임, 설비 고장, 거래처 변화 등)
- 예산 원칙: (증가 불가 / 범위 내 재배치 / 단계적 확대)
- "반드시 지키고 싶은 기준" 1~2개:

5. 점검 항목(이번 분기/반기 핵심)

- 겹치는 지출: ( )
- 비어 있는 구간: ( )
- 직무별 차이 반영: 필요 / 불필요(근거:)
- 안내/커뮤니케이션: 1장 안내문 필요 / 유지
- 갱신·변경 일정: ( )
- 다음 미팅 목표: (유지/정리/보완 중 무엇인지)

6. 최근 대화 내용(최신 3개만)

- 날짜 / 참석자:
- 대표가 강조한 말(그대로 1~2줄):
- 내가 약속한 것(다음 단계):
- 고객이 요청한 것(자료/기한):
- 다음 연락 예정일 / 다음 미팅 일정:

원하시면 이 양식을 "한 장 요약 버전(대표 보고용)"과 "실무 체크 버전(인사/재무 대응용)"으로 2개로 나눠 드리겠습니다.

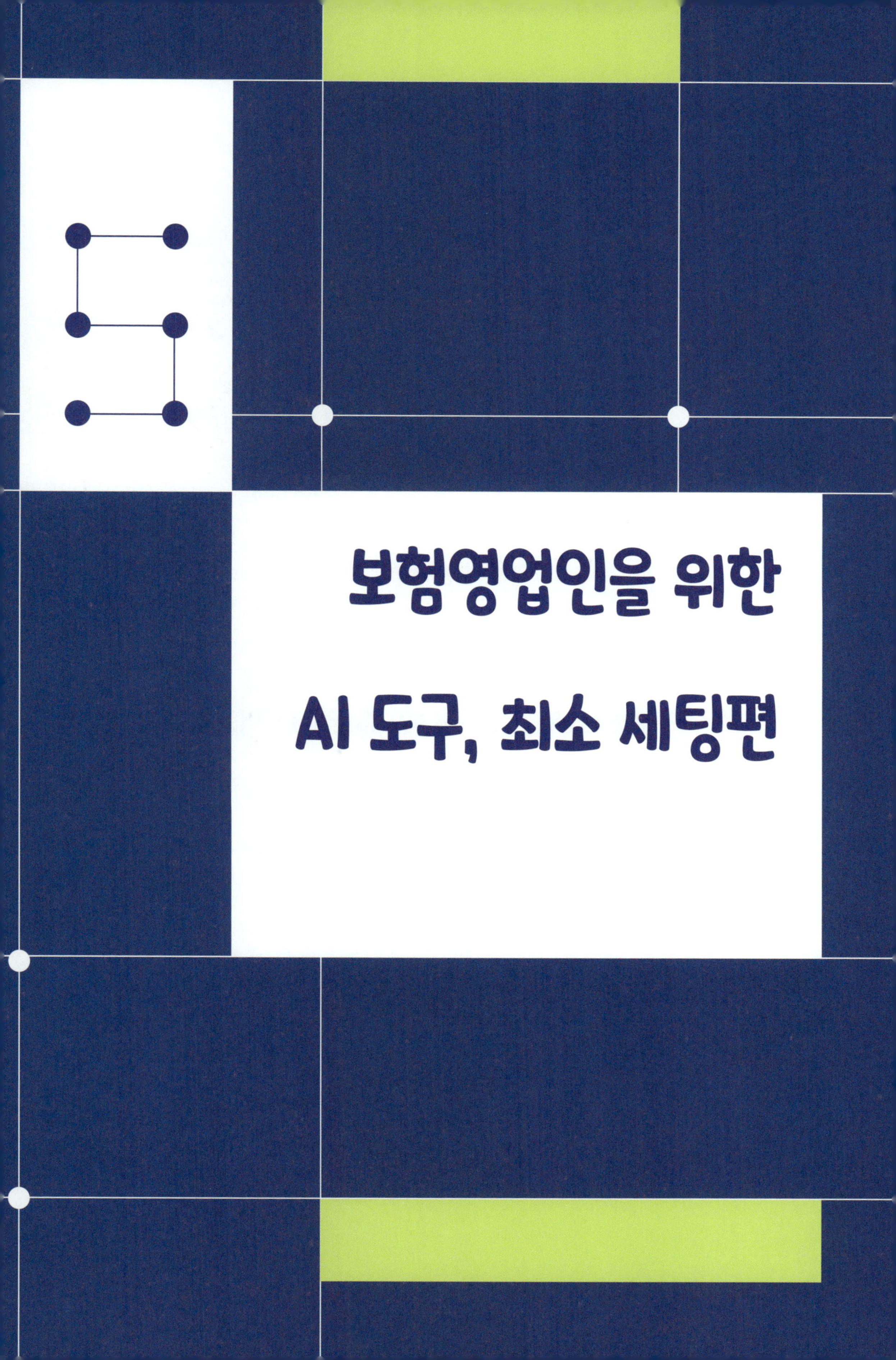

보험영업인을 위한
AI 도구, 최소 세팅편

보험영업인을 위한 AI 도구, 최소 세팅편

(이 파트는 '기초 세팅'만 다루고, 자동화·연결은 심화편에서 이어진다)

GPT 하나로도 충분히 돈 버는 구조 만들기

도구 01 GPT에게 "당신은 나의 보험영업 비서입니다" 역할 지정하는 법

AI를 잘 쓰는 첫 단계는 **역할 부여**이다.

AI는 역할을 어떻게 설정하느냐에 따라 답변 방식·문장 톤·정보 정리 수준이 완전히 달라진다.

보험영업인을 위한 기본 역할은 간단하다.

"보험 상담·문장 작성·고객별 상황 정리·아이디어 제공"을 맡기는 것이다.

역할을 지정해두면 AI는 각 질문을 그 역할에 맞춰 해석하고 실무적이고 재사용 가능한 답변을 만들어 준다.

역할 지정에 포함하면 좋은 항목은 다음과 같다.

- 당신은 '나의 보험영업 비서'임
- 문장은 간결하고 고객 친화적이어야 함
- 개인·법인 모두 다룰 수 있어야 함
- 나는 최종 검토자이므로, AI는 초안을 책임감 있게 만들어야 함

✨ 현장 사례

U 설계사는 GPT에게 매번 "갱신 메시지 써 줘"라고만 적어 답변이 들쭉날쭉한 문제가 있었다.

역할 설정을 추가하자 AI의 답변 톤이 일정해지고 고객에게 바로 보낼 수 있는 문장 비율이 크게 늘었다.

U 설계사는 "내 비서를 하나 더 둔 느낌이다."라고 말했다.

대수쌤의 프롬프트 Tip

지금부터 당신은 '나의 보험영업 비서'입니다.
고객 커뮤니케이션, 상담 준비, 제안 문서 초안을 제가 바로 사용할 수 있도록 실무 중심으로 작성해 주세요.
문장은 간결하고 부드럽게 해 주세요.

GPT답변

1. 고객 커뮤니케이션 카톡/문자 템플릿

- 첫 연락(소개/연결)

  안녕하세요, ○○님. ○○ 통해 인사드린 조대수입니다. 잠깐 통화 괜찮으실까요? 편하신 시간만 알려주시면 그때 맞추겠습니다.

- 오랜만에 재접촉(부담 없이)

  ○○님, 안녕하세요. 요즘 문득 생각나서 안부 인사드립니다. 잘 지내시죠? 혹시 최근에 변동된 사항 있으시면 간단히만 공유 부탁드립니다.

- 미팅 일정 확정

  ○○님, 일정 확인드립니다. ○월 ○일(○) ○시, ○○에서 뵙겠습니다. 혹시 장소 변경 원하시면 편하게 말씀 주세요.

- 미팅 전 준비 요청(자료 부탁)

  미팅 전에 정확히 확인하고 싶어 2가지만 부탁드립니다. ①현재 가입 내역(사진 가능) ②최근 변동 사항(가족/직장/대출 등) 이 두 가지면 충분합니다.

- 제안서 전달 후 한 줄

  ○○님, 자료 보내드립니다. 핵심은 2가지만 보시면 됩니다. ①보장 공백 ② 보험료 변화입니다. 편하실 때 보시고 질문만 주셔도 됩니다.

2. 상담 준비 체크리스트(10분 세팅)

- 고객 기본 정보: 나이/가족/직업/소득 흐름/부채
- 현재 보험: 가입 채널, 핵심 보장, 갱신 여부, 납입 기간
- 리스크 포인트: 큰 지출 예정, 건강 이력, 업무 위험도
- 목표 확인: "무엇이 가장 걱정인지" 한 문장으로 정리
- 상담의 결론: 유지/정리/보완 중 무엇이 목표인지 확정

3. 제안 문서 초안(1페이지형)

  제목: ○○님 보장 점검 및 보완 제안

- 현황 요약: 현재 보장 구조는 ○○ 중심이며, ○○ 영역이 상대적으로 약합니다.
- 핵심 이슈 2가지
  - ○○ 보장 공백: 이유는 ○○입니다.
  - 보험료 효율: 현재 구조에서 ○○ 항목이 비효율적입니다.
- 제안 방향
  - 꼭 필요한 보장부터 우선 보완합니다.
  - 갱신/비갱신 구조를 ○○ 기준으로 정리합니다.
- 기대 효과
  - 보장 공백을 줄이고, 불확실성을 낮춥니다.
  - 같은 비용이면 더 필요한 곳에 배치합니다.
- 다음 단계: ○○님 일정에 맞춰 15분만 통화로 확인하고 최종안을 드리겠습니다.

 내 프로필(경력·전문분야·고객군)을 저장해 두고 계속 활용하기

AI에게 매번 "나는 10년 차 보험설계사다"라고 설명하는 일은 비효율적이다.

프로필을 한 번 정리해 저장해두면 모든 답변이 나의 경력·전문성·고객군에 맞춰 자동으로 조정된다.

프로필에 포함하면 좋은 정보는 다음과 같다.

- 경력(예: 10년 차, 개인·법인 모두 경험)
- 전문 분야(예: 법인 리스크 관리, 3040 부모 상담)
- 주요 고객군(예: 자영업자, 제조업, 병원 등)
- 내가 추구하는 말투(부드럽고 명확한 상담 중심)

AI는 이 프로필을 바탕으로 고객에게 줄 문장을 내 말투처럼 자연스럽게 만들어 준다.

✨ 현장 사례

V 설계사는 소비자 대상 상담은 자신 있었지만 법인 상담 문장은 늘 어렵게 느껴졌다.

프로필에 "법인영업 초심자, 설명은 쉽고 단순하게"라고 저장해두자 AI가 법인용 문장을 더 명확하게 뽑아줬다.
이후 V 설계사는 "법인도 할 만하다."라는 자신감을 얻었다.

대수쌤의 프롬프트 Tip

제가 매번 설명하지 않아도 되도록 아래 프로필을 기억하고 답변에 반영해 주세요.

- 경력: - 주요 고객군:
- 전문 분야: - 원하는 문장 스타일:

앞으로 제공하는 모든 답변에 이 프로필을 반영해 주세요.

 자주 쓰는 프롬프트를 '단축어'처럼 모아두는 방법

보험영업인은 매일 비슷한 문장을 만든다.

안부 메시지, 갱신 안내, 상담 오프닝, 반대 멘트 대응 등 반복되는 업무가 많기 때문이다.

AI에게 자주 쓰는 프롬프트를 '단축어'처럼 모아두면 업무 속도가 눈에 띄게 빨라진다.

프롬프트 단축어 예시는 다음과 같다.

- P1: 생일 메시지 3줄
- P2: 갱신 안내 기본형
- P3: 법인 첫 미팅용 브리핑
- P4: 기존 보험 요약 5줄

이 단축어를 입력하기만 해도 AI는 해당 템플릿을 즉시 호출해 문장을 만든다.

✨ 현장 사례

W 설계사는 매일 같은 문장을 반복 작성해 피로감이 컸다.

AI에 "내가 자주 쓰는 문장 템플릿 묶음을 만들어 줘."라고 요청하자 카테고리별 단축어 리스트가 생성되었다.

W 설계사는 단축어만 입력해 문장을 얻기 시작했고 업무 속도가 기존의 절반으로 줄었다.

대수쌤의 프롬프트 Tip

제가 자주 사용하는 프롬프트를 정리해 단축어 목록을 만들어 주세요. 각 단축어는 용도와 예시 한 줄을 함께 포함해 주세요.

AI GPT답변

아래는 자주 쓰실 만한 프롬프트를 "단축어"로 정리한 목록입니다. 각 항목은 단축어 ➡ 용도 ➡ 예시 한 줄 순서입니다.

1. /오프닝-점검

- 용도: 기존 고객 점검 상담 시작 멘트를 만들어드립니다.
- 예시: "39세 맞벌이, 기존 4건 점검 요청 / 3~4문장 오프닝 멘트 3개 만들어 주세요."

2. /문자-요약

- 용도: 상담 후 고객에게 보낼 문자 요약을 작성해드립니다.
- 예시: "오늘 상담 내용 '잘한 점 2/보완 3/다음 확인 2' 형식으로 문자로 작성해 주세요."

3. /카톡-재접촉

- 용도: 오랜만에 연락하는 고객에게 부담 없는 점검 제안을 만들어드립니다.
- 예시: "한 달 전 점검 고객에게 '보장 최종 점검' 제안 카톡 3줄 3버전 만들어 주세요."

4. /반대-대응3

- 용도: 고객 반대 멘트에 대한 답변 3종 세트를 만들어드립니다.
- 예시: "반대 멘트 2개(보험 충분/증액 부담) 각각 3줄 이내로 3버전씩 작성해 주세요."

5. /보험-요약5

- 용도: 기존 보험 내용을 고객 눈높이로 5줄 요약해드립니다.
- 예시: "아래 보장 내용을 5줄 요약 + 아쉬운 점 3가지로 정리해 주세요(어려운 용어 금지)."

6. /체크-상담준비

- 용도: 상담 전에 확인할 체크리스트를 만들어드립니다.
- 예시: "39세 맞벌이+자녀 2명, 기존 4건 점검 / 상담 준비 체크리스트 작성해 주세요."

7. /법인-질문10

- 용도: 법인 대표 첫 미팅에서 물어볼 핵심 질문 10개를 만들어드립니다.
- 예시: "직원 32명 제조업, 최근 산재 1건, 복지 정비 관심 / 대표 질문 10개 작성해 주세요."

8. /법인-브리핑5분

- 용도: 대표에게 읽어드릴 5분 브리핑 노트를 만들어드립니다.
- 예시: "규모/주요 업무/대표 리스크/확인 질문 순서로 5분 브리핑 노트 작성해 주세요."

9. /법인-PPT목차

- 용도: 법인 제안서 PPT 목차와 슬라이드 핵심 포인트를 구성해드립니다.
- 예시: "직원 32명 제조업 복지·보장 정비 / 10~12장 목차와 슬라이드 포인트 2~3개씩 작성해 주세요."

10. /리포트-법인기본틀

- 용도: 분기·반기·연간 리포트 기본 템플릿을 만들어드립니다.
- 예시: "요약/보장 현황/인원 변화/개선 포인트/다음 일정 순서로 리포트 틀 작성해 주세요."

11. /공지-복지양식

- 용도: 임직원 공지·복지 안내문 표준 양식을 만들어드립니다.
- 예시: "목적/대상/내용/시행 시기/문의처 순서로 공지 양식 작성해 주세요."

12. /메일-대표정리

- 용도: 대표에게 보내는 미팅 정리 메일 초안을 작성해드립니다.
- 예시: "논의 요약 5줄/대표 포인트 3줄/준비 항목 3가지 구조로 정리 메일 작성해 주세요."

13. /재무-3줄요약
  - 용도: 재무팀이 이해하기 쉽게 제안을 3줄로 요약해드립니다.
  - 예시: "전문 용어 없이, 비용·운영 관점으로 3줄 요약 작성해 주세요."

14. /설명-초등5문장
  - 용도: 어려운 설명을 어린이 눈높이 5문장으로 바꿔드립니다.
  - 예시: "암보험 설명을 초등학생에게 설명하듯 5문장으로 작성해 주세요."

도구 04 개인고객용 / 법인고객용 / 지점장용 프롬프트를 따로 관리하기

AI는 하나의 도구지만 고객군에 따라 필요한 문장과 정보가 완전히 다르다.

개인 고객은 친근함, 법인 고객은 구조화된 보고, 지점장은 교육적 정보가 요구된다. 그래서 프롬프트는 **고객군별 분리**가 필수적이다.

분류 방식은 다음처럼 단순하면 충분하다.

- 개인: 생일, 갱신, 리모델링, 안부
- 법인: 리스크 정리, 임직원 안내, 제안서 초안
- 지점장: 교육 자료, 멘트, 공지문

카테고리만 분리해도 필요한 문장을 더 빠르고 정확하게 뽑을 수 있다.

✨ 현장 사례

X 지점장은 개인 상담에도, 법인에도, 교육에도 AI를 사용했다.

그러나 프롬프트가 섞여 있어 AI가 가끔 엉뚱한 톤으로 답변을 하곤 했다.

카테고리를 분리하자 개인에는 친절한 톤, 법인에는 명확한 톤, 지점장에게는 교육용 문장으로 자동 조정되었다.

🤖 대수쌤의 프롬프트 Tip

제가 사용할 프롬프트를 개인고객용 / 법인고객용 / 지점장용으로 세 가지 카테고리로 분류해 주세요.
각 카테고리에 들어갈 대표 프롬프트 예시 5개씩 작성해 주세요.

AI GPT답변

아래는 바로 복사해 쓰실 수 있도록, 프롬프트를 개인고객용 / 법인고객용 / 지점장용 3가지로 나눠 대표 예시를 5개씩 정리해 드린 내용입니다.

개인고객용 대표 프롬프트 5개

1. "39세 맞벌이, 자녀 2명, 기존 보험 4건 점검 요청입니다. 고객이 한눈에 이해하도록 5줄 요약 + 보완 포인트 3가지를 쉬운 말로 정리해 주세요."
2. "초면이 아닌 고객 점검 상담입니다. 분위기를 부드럽게 풀면서도 오늘 목적이 분명한 오프닝 멘트 3가지를 3~4문장으로 작성해 주세요."
3. "고객 반대 멘트 '보험은 충분해요'에 대해 부담 없이 전문성이 느껴지게 3줄 이내 답변을 3가지 버전으로 작성해 주세요."
4. "상담 후 고객에게 보낼 문자로 '잘한 점 2개 / 보완 3개 / 다음 확인 2개' 형식으로 따뜻하고 담백하게 정리해 주세요."
5. "한 달 전 점검 고객에게 '보장 최종 점검'을 제안하는 카카오톡 메시지를 상황 설명 ➡ 점검 이유 ➡ 선택권 존중 흐름으로 3줄 이내 3버전 작성해 주세요."

법인고객용 대표 프롬프트 5개

1. "직원 32명 제조업(생산/사무 혼합), 최근 산재 1건, 대표는 복지 정비 관심입니다. 대표에게 물어볼 핵심 질문 10개를 만들어 주세요."
2. "위 회사 기준으로 5분 브리핑 노트를 만들어 주세요. 규모 ➡ 주요 업무 ➡ 대표 리스크 ➡ 확인 질문 순서로 정리해 주세요."
3. "법인 보장+직원 복지 패키지를 대표에게 설명하는 스크립트를 회사 혜택 ➡ 직원 혜택 ➡ 공통 효과 ➡ 기대 변화 순서로 작성해 주세요."
4. "법인 제안서(PPT) 목차를 10~12장으로 설계하고, 각 슬라이드 핵심 포인트를 2~3개씩 적어 주세요."
5. "분기 리포트 기본 틀을 요약 ➡ 보장 현황 ➡ 인원 변화 ➡ 개선 포인트 ➡ 다음 일정 순서로 만들어 주세요. 제조업(생산/사무 혼합) 기준 예시 문장도 1~2개씩 넣어 주세요."

지점장용 대표 프롬프트 5개

1. "이번 주 개인/법인 상담 일정이 있습니다. 상담 목적별(점검/신규/리모델링)로 준비 우선순위를 정해 주고, 오늘 해야 할 일 5가지를 체크리스트로 만들어 주세요."
2. "이번 달 법인 영업 파이프라인을 관리하려고 합니다. 접촉 ➡ 니즈 확인 ➡ 제안 ➡ 의사결정 ➡ 확정 단계로 나눠, 단계별 체크 포인트와 다음 행동을 표로 정리해 주세요."
3. "신입 설계사 교육용으로 '개인영업과 법인영업의 차이'를 5줄로 정리하고, 현장에서 바로 쓰는 질문 10개도 함께 만들어 주세요."
4. "지점 월간 실적 보고를 위해 요약 문장을 작성해 주세요. 성과 3가지/이슈 2가지/다음 달 계획 3가지 구조로, 지점장 보고 톤으로 정리해 주세요."
5. "지점 공지로 사용할 메시지를 작성해 주세요. 이번 주 핵심 목표 1개, 실행 행동 3개, 체크 기준 2개를 짧고 분명하게 정리해 주세요."

도구 05 내가 싫어하는 말투·표현을 AI에게 미리 알려주는 법

AI가 만들어준 문장이 조금 과하거나, 딱딱하거나, 부담스럽게 느껴지는 경우가 있다.

그럴 때는 내가 싫어하는 말투를 AI에게 **금지 리스트**로 알려주면 된다.

금지 리스트 예시는 다음과 같다.

- 과한 감탄사(예: 정말 놀라운 혜택입니다)
- 영업 티가 나는 말투
- 지나치게 공손하거나 무거운 표현
- 고객을 압박하는 뉘앙스

이 리스트가 저장되면 AI는 자동으로 그 표현을 피해 문장을 만든다.

Y 설계사는 AI가 만든 문장이 가끔 너무 공손해 부담스럽게 느껴졌다.

AI에게 "이런 표현은 사용하지 말아라"라고 금지 리스트를 전달하자 문장 톤이 훨씬 자연스러워졌다.

Y 설계사는 "이제 내 말투랑 거의 똑같아졌다."라고 말했다.

대수쌤의 프롬프트 Tip

제가 싫어하거나 사용하지 않는 표현들을 아래처럼 정리했습니다.
앞으로 작성할 모든 문장에서 이 표현들은 사용하지 말아 주세요.
- 금지 표현:
- 피하고 싶은 말투:
- 고객에게 부담을 줄 수 있는 문장:

GPT답변

알겠습니다. 앞으로는 ㅇㅇㅇ께서 지정하신 "금지 표현/피하고 싶은 말투/부담을 줄 수 있는 문장"을 절대 사용하지 않고, 부드럽고 간결한 설명 중심 문장으로만 작성하겠습니다.

지금 메시지에는 항목 제목만 있고 실제 목록이 비어 있어서, 아래 형식으로 금지 리스트를 붙여 주시면 즉시 반영하겠습니다(복사해서 채워 주세요).

- 금지 표현: (예: "업무를 굴리다", "무조건", "당연히", "가입부터", …)
- 피하고 싶은 말투: (예: 압박형, 과장형, 단정형, 지나친 친근체, …)
- 고객에게 부담을 줄 수 있는 문장: (예: "지금 결정하셔야 해요", "오늘 가입하셔야 합니다", …)

목록을 주시면, 이후 답변에서는 해당 표현이 포함되지 않도록 문장 생성 단계에서 바로 걸러서 작성하겠습니다.

처음 써보는 제미나이·캔바 딱 이 정도만 맛보기

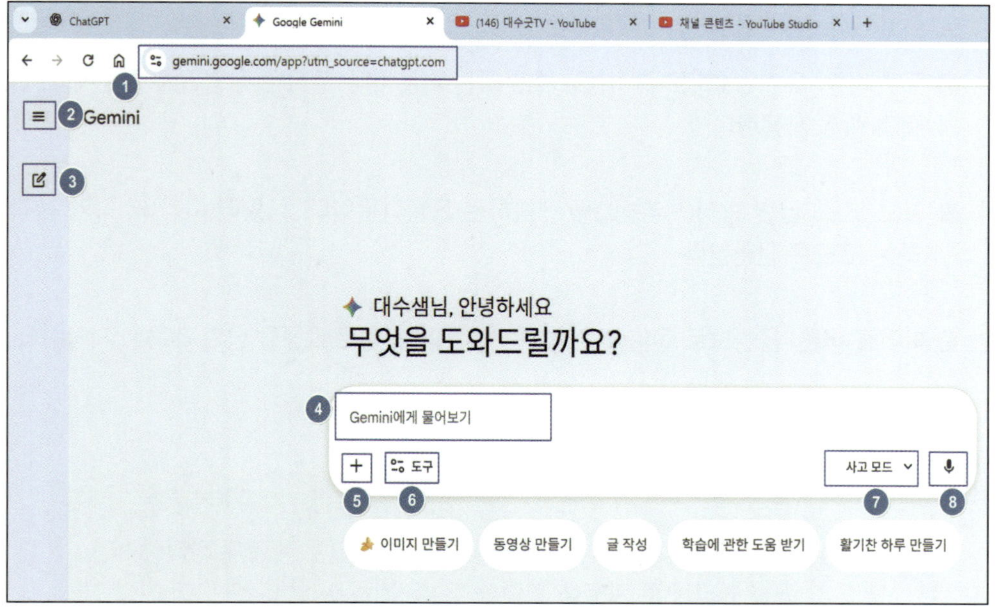

이 화면은 Google Gemini 웹페이지에서 대화를 시작하고, 도구를 붙여 쓰는 기본 화면
이다. 위쪽에서 접속 주소를 확인하고, 왼쪽에서 대화 메뉴를 다루며, 아래 입력창에서 질
문·첨부·음성 입력을 실행한다.

❶ **주소창:** 현재 접속한 사이트 주소를 보여주는 영역이다. 주소를 확인하거나 다른 페이
지로 이동할 때 사용한다.

❷ **메뉴 버튼:** 왼쪽 상단의 메뉴를 여는 버튼이다. 대화 목록이나 설정 같은 이동 메뉴
를 펼친다.

❸ **새 대화 버튼:** 새 질문을 새 화면에서 시작하는 버튼이다. 이전 대화와 분리해 주제를
깔끔하게 나눈다.

❹ **질문 입력창:** Gemini에게 요청을 적는 칸이다. "무엇을, 어떤 결과물로, 어떤 형식으
로"를 한 줄로 지정해 입력한다.

PART 5

❺ **추가(+) 버튼:** 입력창에 기능을 더하는 버튼이다. 파일 첨부나 추가 옵션을 열 때 사용한다.

❻ **도구 버튼:** Gemini의 도구 기능을 호출하는 버튼이다. 필요한 작업 도구를 선택해 입력과 함께 사용한다.

❼ **사고 모드:** 답변 방식(추론 강도)을 선택하는 드롭다운이다. 상황에 따라 더 깊게 생각하는 모드로 전환한다.

❽ **마이크 버튼:** 음성으로 질문을 입력하는 버튼이다. 말로 요청을 남겨 대화를 시작한다.

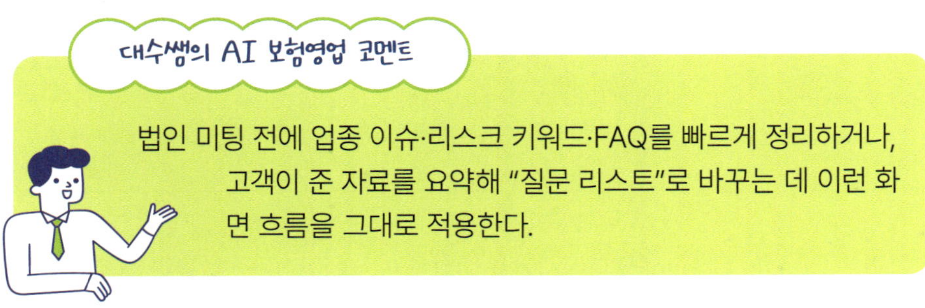

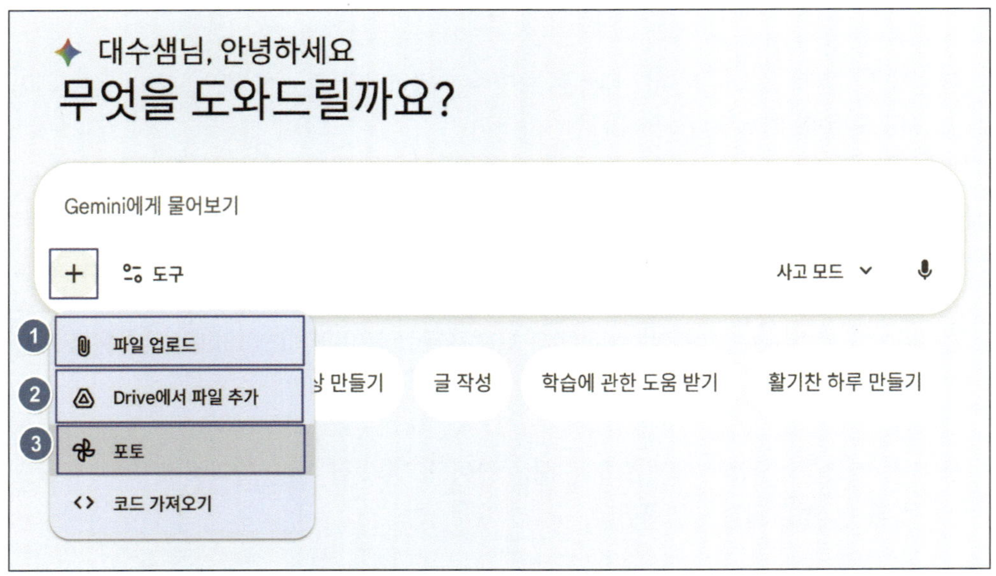

이 화면은 Gemini 입력창에서 + 버튼을 눌렀을 때 열리는 "첨부 메뉴"이다. 자료를 붙여 넣는 방식이 3가지로 나뉘어 보인다.

❶ **파일 업로드:** 내 컴퓨터에 저장된 파일을 직접 선택해 첨부하는 기능이다.

❷ **Drive에서 파일 추가:** 구글 드라이브에 있는 문서나 파일을 불러와 첨부하는 기능이다.

❸ **포토:** 사진을 선택하거나 사진 관련 방식으로 이미지를 첨부하는 기능이다.

참고로 아래에 보이는 '코드 가져오기'는 코드 자료를 불러오는 메뉴이다.

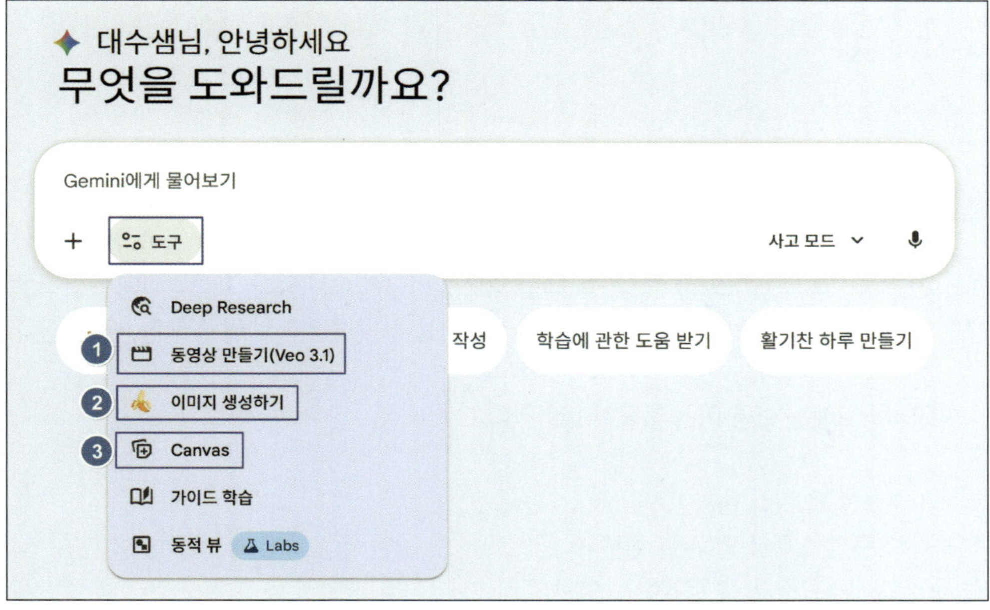

이 화면은 Gemini 입력창에서 도구 버튼을 눌렀을 때 열리는 "기능 선택 메뉴"이다. 질문만 던지는 대신, 목적에 맞는 도구를 붙여 결과물을 더 빠르고 정확하게 만든다.

❶ **동영상 만들기**(Veo 3.1)**:** 텍스트 지시를 기반으로 영상 제작 기능을 실행하는 메뉴이다. 짧은 영상 콘텐츠 기획이나 시나리오를 영상으로 확장할 때 사용한다.

❷ **이미지 생성하기:** 텍스트 설명을 바탕으로 이미지를 생성하는 기능이다. 썸네일 시안, 안내 이미지, 간단한 일러스트 제작에 활용한다.

❸ **Canvas:** 긴 글, 기획서, 초안처럼 '한 장의 문서'로 계속 다듬어야 하는 작업을 위한 편집 공간을 여는 기능이다. 한 번 만들어 놓고 문장과 구조를 계속 수정·정리하는 데 맞**다.**

③Canvas는 법인 제안서, 점검 리포트, 미팅 아젠다처럼 "한 번에 끝나지 않는 문서"를 다듬을 때 강하다. ②는 고객 안내용 한 장 이미지(보장 구조 요약, 준비 서류 체크리스트) 제작에 쓸 만하다.

도구 06 제미나이로 '상담 준비 체크리스트' 자동 생성하기

상담 전에 "뭘 꼭 물어봐야 하지?"를 매번 새로 고민할 필요는 없다. 제미나이에게 고객 정보를 넘기고 "이 고객 상담 전에 확인할 체크리스트"를 부탁하면 준비 단계가 훨씬 빨라진다.

체크리스트에는 보통 이런 항목이 들어간다.

- 기존 보험과 보장 현황 확인
- 가족 구성·소득·직업 관련 질문
- 이 고객이 요즘 가장 걱정하는 부분 정리
- 상담 목표와 오늘 꼭 설명할 내용

한 번 만들어 놓으면, 비슷한 유형의 고객에게 계속 재사용할 수 있다.

✨ 현장 사례

A 설계사는 상담 전에 항상 메모장에 질문거리를 직접 적어 왔다.

어느 날 제미나이에 "40대 맞벌이, 자녀 2명, 실손+암보험만 있는 고객 상담 전 체크리스트"를 요청했다.

제미나이는 재무, 건강, 자녀 교육, 보장 공백 순서로 구체적인 질문 항목을 정리해 줬다.

A 설계사는 그 리스트만 보고도 상담 준비 시간이 절반으로 줄었다고 느꼈다.

대수쌤의 프롬프트 Tip

아래 고객 정보를 바탕으로 상담 전에 확인해야 할 체크리스트를 만들어 주세요.

- 나이:
- 성별:
- 직업:
- 가족 구성:
- 대략적인 소득 수준:
- 현재 보유 보험:

체크리스트는
1) 기존 보장 확인
2) 가족·소득·건강 상황 질문
3) 이 고객에게 특히 중요한 리스크
4) 오늘 상담에서 꼭 다룰 내용

이 네 가지 영역으로 나누어 항목별로 적어 주세요.
각 항목은 한 줄짜리 질문 형태로 작성해 주세요.

GPT답변

1. 기존 보장 확인
- 현재 가입하신 보험이 무엇인지, 각각의 이름과 월 납입액을 알려주실 수 있으실까요?

- 각 보험이 언제부터 언제까지 유지되는지(기간) 확인해도 될까요?
- 가족 중 누가 어떤 보험을 가지고 계신지(본인/배우자/자녀별) 한 번만 정리해 주실까요?
- 최근 1~2년 사이에 보험을 추가하거나 변경하신 적이 있으실까요?
- 이전에 받으셨던 설계안이나 점검 결과가 있으시면 공유해 주실 수 있으실까요?
- 지금 보험 중 "꼭 유지하고 싶은 것"과 "정리하고 싶은 것"이 있으실까요?

2. 가족·소득·건강 상황 질문

- 가족 구성과, 최근 1년 안에 달라진 가족 상황이 있으실까요?
- 직업과 근무 형태(고정/변동, 현장/사무, 출장 여부)를 간단히 알려주실 수 있으실까요?
- 월 고정지출과 보험료로 부담 가능한 범위를 어느 정도로 생각하고 계실까요?
- 소득이 끊길 수 있는 변수(이직, 휴직, 육아 등)가 가까운 시기에 있으실까요?
- 최근 건강검진에서 특이 소견이 있었는지, 치료나 약 복용 중인 내용이 있으실까요?
- 가족력(암·심장·뇌 등)이나 걱정되는 질병이 있으실까요?

3. 이 고객에게 특히 중요한 리스크

- 가장 걱정되는 상황은 무엇인가요(큰 병, 사고, 소득 중단, 가족 보호 중)?
- 일을 쉬게 될 경우 생활비는 어느 정도 기간까지 버틸 수 있으실까요?
- 대출이 있으시다면 상환 부담이 커지는 구간이 예정돼 있으실까요?
- 자녀 교육비나 큰 지출 계획이 있으실까요(1~3년 안에)?
- 직업 특성상 사고 위험이나 스트레스/과로가 큰 편이실까요?
- 보험료가 앞으로 늘어날 가능성에 대해 얼마나 민감하신 편이실까요?

4. 오늘 상담에서 꼭 다룰 내용

- 오늘 상담의 목표는 "유지/정리/보완" 중 어디에 더 가까우실까요?
- 오늘은 가입 결정보다 "현황 정리와 방향 결정"으로 마무리해도 괜찮으실까요?
- 가장 먼저 확인하고 싶은 항목 1순위는 무엇일까요(보장 공백/보험료/중복/가족 보호)?
- 상담 후 결과물은 어떤 형태가 좋으실까요(한 장 요약/문자 정리/비교표)?
- 다음 상담까지 준비해 주실 자료는 무엇이 가능하실까요(가입내역 캡처, 검진 결과 등)?
- 다음 상담 일정은 언제쯤이 편하실까요(이번 주/다음 주, 평일/주말)

콘텐츠를 꾸준히 올리고 싶어도 "뭘 찍지? 뭘 써야 하지?"에서 막히는 경우가 많다.

제미나이에게 타깃 고객과 주제를 알려주고 아이디어 30개만 뽑아 달라고 하면 한 달 분량 소재가 한 번에 확보된다.

아이디어를 요청할 때는

- 타깃: 예) 30·40대 워킹맘, 자영업자, 1인 사업자
- 채널: 블로그용인지, 유튜브 숏폼용인지
- 톤: 정보형, 고민상담형, 스토리형 등

을 함께 알려주면 훨씬 실용적인 리스트가 나온다.

✨ 현장 사례

B 설계사는 유튜브를 시작했지만 3편 올리고 더 이상 소재가 떠오르지 않았다.

제미나이에 "30대 직장인 대상 보험·재무 관련 숏폼 아이디어 30개"를 요청했다. 제미나이는 상황별, 고민별, 실수사례별로 콘텐츠 주제를 나눠서 제안했다.

B 설계사는 그 리스트를 엑셀에 붙여 넣고 하루 한 개씩 찍는 계획을 세웠다.

대수쌤의 프롬프트 Tip

제 타깃은 30·40대 직장인입니다.
보험과 재무, 노후 준비에 관심은 있지만 귀찮고 어렵다고 느끼는 사람들입니다.
이들을 위해 만들 수 있는 블로그 글 + 유튜브 숏폼 영상 주제 아이디어를 총 30개 제안해 주세요.

각 아이디어는
1) 제목 아이디어

2) 한 줄 설명

형태로 적어 주세요.

정보형, 고민상담형, 실수사례형, 체크리스트형 등 콘텐츠 타입도 함께 표시해 주세요.

AI GPT답변

1. 제목: 월급쟁이 보험, "딱 3개만" 먼저 확인하는 법
   - 한 줄 설명: 실손·큰 병 대비·가족 보호 순서로 점검하는 가장 쉬운 시작점입니다. (체크리스트형)
2. 제목: 보험료가 자꾸 늘어나는 진짜 이유 5가지
   - 한 줄 설명: 내가 잘못한 게 아니라 구조 문제인 경우가 많습니다. (정보형)
3. 제목: "보험은 많은데 불안해요"가 나오는 3가지 패턴
   - 한 줄 설명: 겹침·빈틈·기간 문제만 잡아도 불안이 줄어듭니다. (고민상담형)
4. 제목: 10분 보험 점검 루틴, 캡처 4장으로 끝내기
   - 한 줄 설명: 가입내역만 있어도 요약표를 만들 수 있습니다. (체크리스트형)
5. 제목: 맞벌이 부부 보험, 누가 뭘 맡아야 편해질까
   - 한 줄 설명: 부부 보장을 역할 분담하면 관리가 쉬워집니다. (정보형)
6. 제목: 30대가 가장 많이 하는 보험 실수 3가지
   - 한 줄 설명: "일단 추가"가 아니라 "정리부터"가 정답인 경우가 많습니다. (실수사례형)
7. 제목: 실손은 있는데 왜 병원비가 걱정될까
   - 한 줄 설명: 실손이 커버하지 못하는 구간을 쉬운 말로 정리합니다. (정보형)
8. 제목: "암보험, 얼마가 적당해요?" 질문에 답하는 방법
   - 한 줄 설명: 금액보다 먼저 '가정의 기준'을 잡는 방식입니다. (고민상담형)
9. 제목: 보험 리모델링, 손대기 전에 꼭 해야 할 3가지
   - 한 줄 설명: 유지할 것과 건드릴 것을 먼저 분리해야 합니다. (체크리스트형)
10. 제목: 보험 설계안 받았을 때, 무조건 물어볼 질문 7개
    - 한 줄 설명: 질문만 바꿔도 결과가 달라집니다. (체크리스트형)
11. 제목: 월 보험료, 가계에서 '안전한 선' 잡는 법
    - 한 줄 설명: 교육비·대출·생활비와 함께 보는 간단 기준입니다. (정보형)
12. 제목: "지금 가입하면 좋아요"에 흔들리지 않는 기준 3개
    - 한 줄 설명: 타이밍이 아니라 기준으로 결정하는 방법입니다. (고민상담형)
13. 제목: 보험을 늘리기보다 줄여서 좋아지는 사람들
    - 한 줄 설명: 겹침 정리만으로도 체감이 커집니다. (실수사례형)

14. 제목: 우리집 재무 점검 5분 요약: 벌고-남기고-버티기
  • 한 줄 설명: 재무제표 없이도 가계 체력을 보는 틀입니다. (정보형)

15. 제목: 비상금이 없을 때, 보험부터 건드리면 생기는 일
  • 한 줄 설명: 급할수록 순서를 지켜야 합니다. (실수사례형)

16. 제목: 연말정산보다 쉬운 '노후 준비' 첫걸음
  • 한 줄 설명: 노후는 상품이 아니라 습관과 구조로 시작합니다. (정보형)

17. 제목: 국민연금만 믿어도 될까? 딱 이 2가지만 확인
  • 한 줄 설명: 숫자보다 생활 기준부터 잡는 방식입니다. (정보형)

18. 제목: 아이 있는 집 보험, '부모 먼저'가 필요한 이유
  • 한 줄 설명: 가정의 중심이 흔들리면 다 흔들립니다. (정보형)

19. 제목: 보험을 해지하기 전, 손해 줄이는 체크 5개
  • 한 줄 설명: 해지 전 확인만 해도 선택이 달라집니다. (체크리스트형)

20. 제목: 병원 다녀온 뒤, 영수증 버리기 전에 할 일
  • 한 줄 설명: 청구가 어려워서 못 받는 돈을 줄입니다. (체크리스트형)

21. 제목: "보험 어렵다"는 사람에게 필요한 단어 10개
  • 한 줄 설명: 전문 용어 없이도 이해되는 말로 바꿔드립니다. (정보형)

22. 제목: 30·40대 재무 고민 TOP5, 상담에서 가장 많이 나오는 질문
  • 한 줄 설명: 실제 상담 질문을 바탕으로 답을 정리합니다. (고민상담형)

23. 제목: 대출 있는 집 보험, 우선순위가 바뀌는 순간
  • 한 줄 설명: 빚이 있으면 '버티기'가 더 중요해집니다. (정보형)

24. 제목: "정기 vs 평생" 싸움, 결론은 이것 하나입니다
  • 한 줄 설명: 기간을 언제까지 잡을지만 정하면 정리가 됩니다. (정보형)

25. 제목: 보험료 1만 원 올릴까요 말까요, 이렇게 결정합니다
  • 한 줄 설명: 감이 아니라 기준표로 판단합니다. (체크리스트형)

26. 제목: 퇴사/이직할 때 꼭 확인해야 하는 보험 3가지
  • 한 줄 설명: 직장 바뀌면 보장 공백이 생기기 쉽습니다. (체크리스트형)

27. 제목: 프리랜서로 바뀌면 가장 먼저 흔들리는 건 '이것'
  • 한 줄 설명: 소득 변동기에 필요한 최소 안전망을 정리합니다. (고민상담형)

28. 제목: 배우자 보험, 내가 대신 점검해도 될까?
  • 한 줄 설명: 부부가 서로 놓치는 부분을 줄이는 방법입니다. (고민상담형)

29. 제목: 보험 서류가 귀찮을 때, "사진 3장"으로 끝내는 정리법
  • 한 줄 설명: 가입내역·월납·기간만 잡아도 절반은 끝납니다. (체크리스트형)

30. 제목: 40대가 되기 전에 꼭 정리해야 하는 '돈 걱정' 3가지
  • 한 줄 설명: 보험·대출·노후를 한 번에 정리하는 프레임입니다. (정보형)

캔바는 "보여주는 자료"를 빠르게 만들 때 유용하다.

특히 카카오톡이나 문자로 보낼 한 장짜리 안내 카드를 만들어 두면 갱신 안내, 점검 안내, 이벤트 안내 등에 두고두고 활용할 수 있다.

카드 구성은 이 정도면 충분하다.

- 상단 제목 1줄
- 한 줄 설명
- 핵심 포인트 3가지
- 하단에 내 이름·연락처

텍스트 구조는 제미나이에게 부탁해서 만들고, 디자인은 캔바 템플릿을 골라서 얹으면 된다.

✨ 현장 사례

C 설계사는 문자로만 갱신 안내를 보내다가 가독성이 떨어진다는 피드백을 받았다.

제미나이에게 "갱신 안내 카드용 문구와 구조"를 요청해 제목, 요약, 포인트 3개, 연락처 영역까지 정리했다.

그 문구를 캔바 템플릿에 올려 한 장짜리 이미지를 만든 뒤 고객에게 전송했더니 "정리가 잘 되어 있어 보기 편하다"는 반응을 받았다.

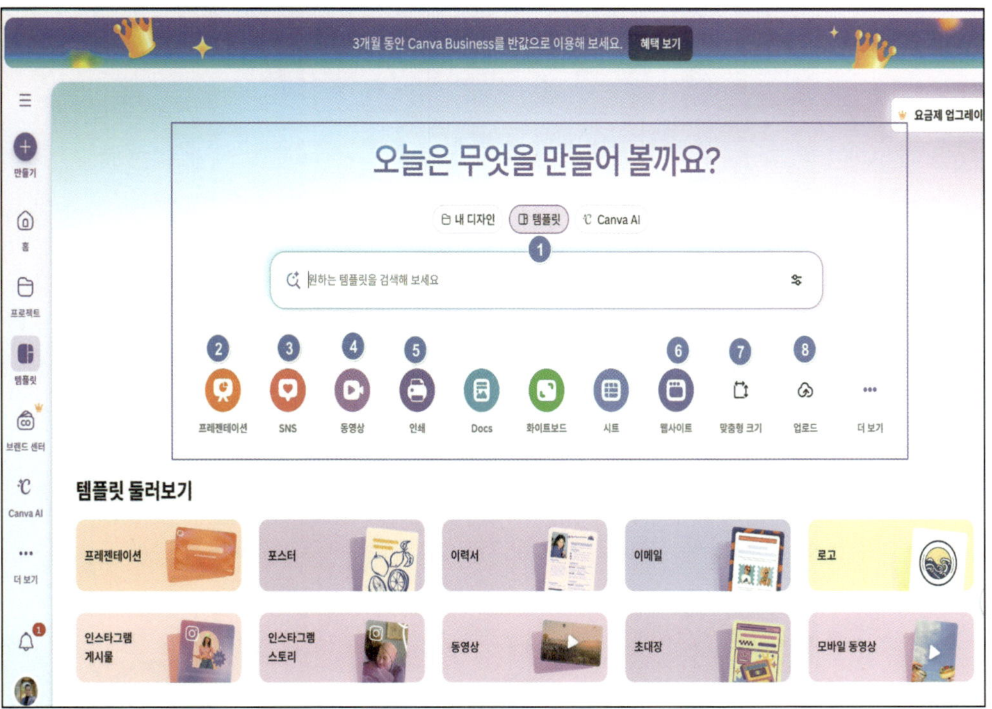

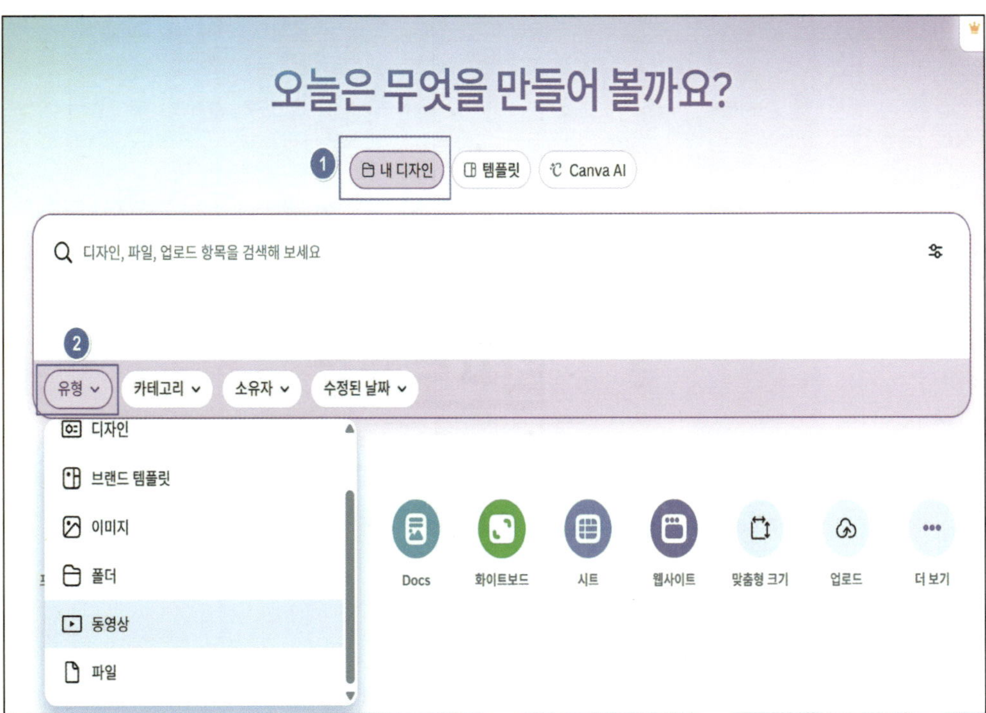

PART 5

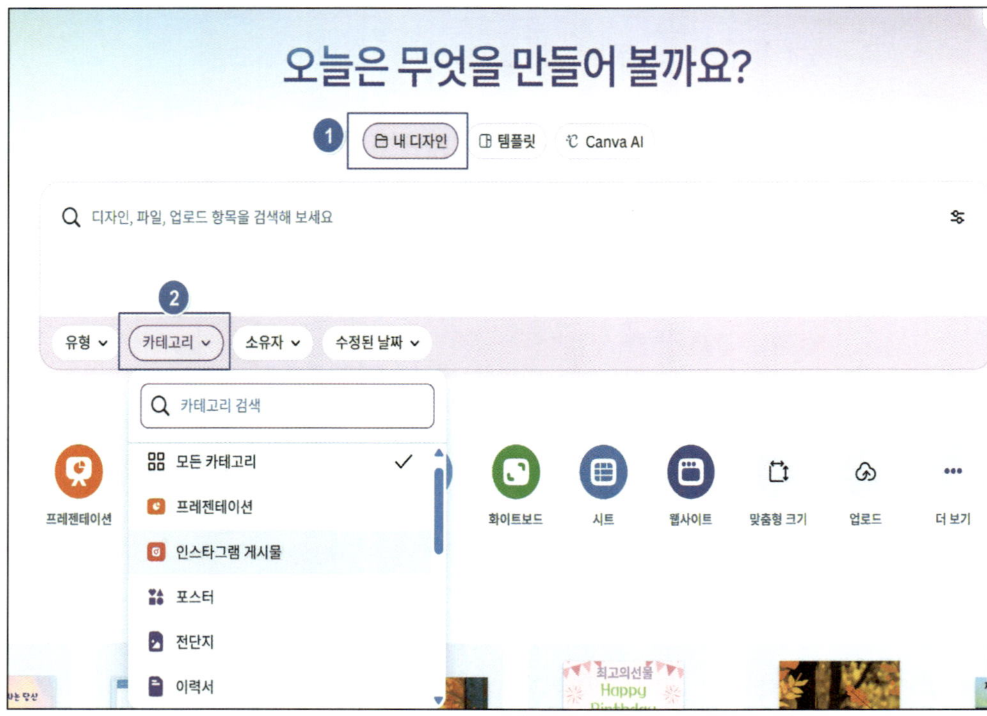

오늘은 무엇을 만들어 볼까요?
1 내 디자인   템플릿   Canva AI
디자인, 파일, 업로드 항목을 검색해 보세요
2
유형   카테고리   소유자   수정된 날짜
카테고리 검색
모든 카테고리
프레젠테이션
인스타그램 게시물
포스터
전단지
이력서
프레젠테이션   화이트보드   시트   웹사이트   맞춤형 크기   업로드   더 보기

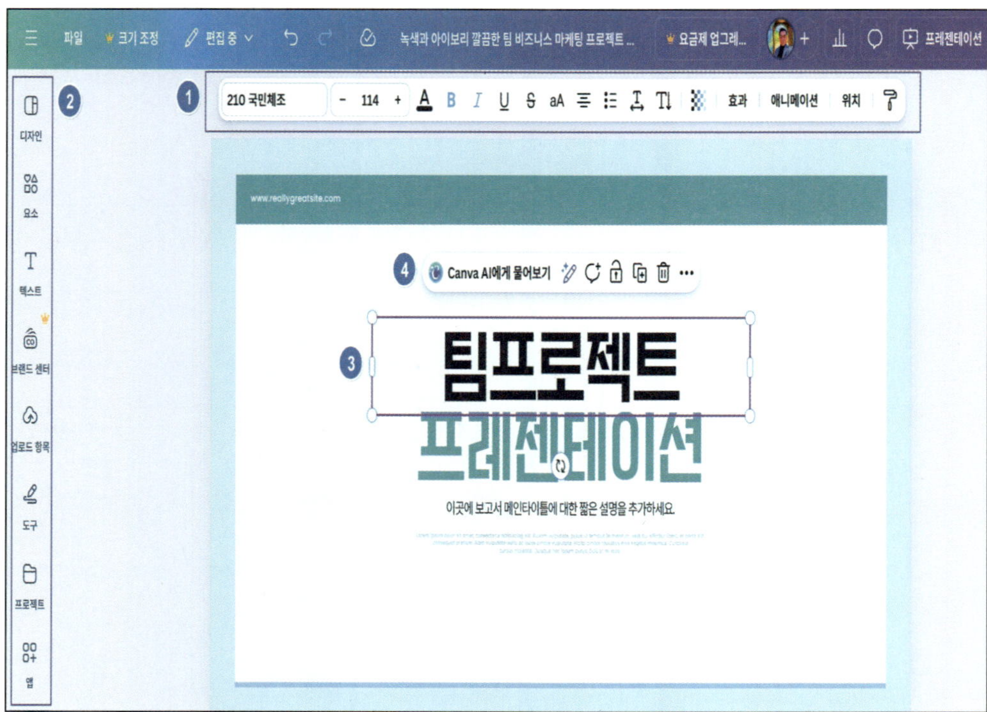

파일   크기 조정   편집 중   녹색과 아이보리 깔끔한 팀 비즈니스 마케팅 프로젝트   요금제 업그레...   프레젠테이션
2   1   210 국민체조   - 114 +   A B I U S aA   효과   애니메이션   위치
디자인
요소
텍스트
브랜드 센터
업로드 항목
도구
프로젝트
앱
www.reallygreatsite.com
4   Canva AI에게 물어보기
3   팀프로젝트
프레젠테이션
이곳에 보고서 메인타이틀에 대한 짧은 설명을 추가하세요

실손의료보험 갱신을 안내하는 한 장짜리 안내 카드 이미지를 캔바로 만들려고 합니다.

카드 안에 들어갈 문구 구조를 설계해 주세요.
구성은 다음과 같습니다.

1) 카드 맨 위 제목 (1줄)
2) 상황을 설명하는 한 줄 요약
3) 고객이 꼭 알아야 할 포인트 3가지 (불릿 형태)
4) 하단에 들어갈 "문의는 ○○에게" 문장

각 문장은 카카오톡에서 읽기 편하도록 짧고 쉽게 작성해 주세요.

AI **GPT답변**

1. 카드 맨 위 제목(1줄)
   실손보험 갱신 안내

2. 상황 한 줄 요약
   곧 갱신 시점이라, 바뀌는 부분만 짧게 확인해 드립니다.

3. 꼭 알아야 할 포인트 3가지(불릿)
   • 갱신 때 보험료가 오르거나 내려갈 수 있습니다.
   • 보장 내용은 그대로인지, 달라진 곳이 있는지 확인이 필요합니다.
   • 병원 이용이 많으셨다면 청구/유지 방법을 같이 정리해 드립니다.

4. 하단 문장
   문의는 ○○○에게 주세요.

강의·지점교육용 슬라이드, 템플릿 하나 만들어 놓고 계속 쓰기

강의나 지점 교육을 자주 한다면 매번 슬라이드를 처음부터 만들 필요가 없다.

기본 구조를 한 번 잡아 템플릿으로 저장해 두고 내용만 갈아 끼우는 식으로 사용하면 효율이 크게 올라간다.

슬라이드 템플릿의 기본 구조는 이렇게 잡을 수 있다.

- 표지: 제목, 강의자 이름, 날짜
- 오늘 목표·목차 슬라이드
- 본문 3~5개 블록(개념 설명·사례·실습 등)
- 요약·다음 행동 제안
- Q&A 슬라이드

이 구조만 제미나이에게 요청해 설계해 두고, 캔바에서 한 번만 디자인을 만들어 템플릿으로 저장해 둔다.

✨ 현장 사례

D 지점장은 지점 교육을 할 때마다 슬라이드를 새로 만드는 데 시간을 많이 썼다.

제미나이에게 "보험설계사 교육용 10장짜리 슬라이드 구조"를 요청하자 페이지별 제목과 내용 포인트가 정리됐다.

이를 캔바로 옮겨 템플릿으로 만들어 두고 나니 이후에는 내용만 바꾸어 빠르게 교육 자료를 만들 수 있었다.

대수쌤의 프롬프트 Tip

보험설계사 대상 지점교육에서 사용할 10장짜리 슬라이드 템플릿 구성을 만들어 주세요.

각 슬라이드마다
1) 슬라이드 제목
2) 들어갈 핵심 포인트 3~4개
를 적어 주세요.

전체 흐름은
표지 ➡ 오늘 목표 ➡ 배경 설명 ➡ 핵심 개념 2장 ➡ 사례 소개 2장 ➡ 실천 방법 2장 ➡ 요약 및 다음 행동 ➡ Q&A
형태가 되도록 구성해 주세요.
캔바에서 바로 복사해 쓸 수 있는 형태로 작성해 주세요.

GPT답변

1장. 표지

- 제목: 지점교육 | 30·40대 직장인 상담을 쉽게 만드는 핵심 프레임
- 부제: 점검 상담 ➡ 제안 ➡ 후속 커뮤니케이션까지 한 번에
- 강사: (이름) / 일시: (날짜)
- 대상: 보험설계사 지점 교육

2장. 오늘 목표

- 30·40대 고객이 "귀찮고 어렵다"를 느끼는 이유를 이해합니다.
- 상담을 10분 안에 정리하는 질문 흐름을 익힙니다.
- 고객이 부담 없이 "다음 단계"로 넘어가게 만드는 멘트를 확보합니다.
- 교육 후 바로 적용할 체크리스트 1개를 가져갑니다.

3장. 배경 설명(현장 문제)

- 고객은 보험을 "필요하지만 복잡한 일"로 느낍니다.
- 설명이 길어질수록 신뢰가 아니라 피로가 쌓입니다.
- 가입보다 점검을 원하지만, 대화가 자주 '증액'으로 오해됩니다.
- 결국 핵심은 "짧게, 근거로, 선택권을 주는 구조"입니다.

4장. 핵심 개념 1: 3단 문장 프레임(설명 구조)

- 상황 한 줄: "지금은 점검이 필요한 시점입니다."
- 이유 한 줄: "겹치는 곳과 비는 곳을 확인하려고 합니다."
- 선택 한 줄: "필요 없으면 유지로 정리합니다."
- 이 3문장을 기본으로 모든 안내를 만듭니다.

5장. 핵심 개념 2: 10분 점검 질문 6개(질문 구조)

- 지금 가입한 보험은 무엇이고, 월 보험료는 어느 정도인가요?
- 가족/소득/건강에서 최근 1년 변동이 있었나요?
- 가장 걱정되는 상황은 무엇인가요(큰 병/사고/소득 중단/가족)?
- 보험료로 부담 가능한 범위는 어디까지인가요?
- 오늘 목표는 유지/정리/보완 중 어디에 가깝나요?
- 결과물은 한 장 요약/문자 정리 중 어떤 게 편하신가요?

6장. 사례 소개 1(개인 고객: 맞벌이 39세, 기존 4건)

- 고객 멘트: "보험은 있는데 불안해요."
- 포인트: 겹치는 것 vs 비어 있는 것부터 먼저 정리합니다.
- 접근: "늘리기"가 아니라 "정리"로 시작합니다.
- 마무리: 다음 상담 전 자료 2가지만 요청합니다(가입내역/최근 변동).

7장. 사례 소개 2(법인 고객: 직원 30~40명 제조업)

- 대표 고민: 산재 이후 기준이 필요합니다.
- 포인트: 사고 처리 흐름(보고-서류-지원)을 한 장으로 만듭니다.
- 구성: 생산/사무 직무별로 필요한 부분만 맞춥니다.
- 마무리: 다음 미팅까지 준비 자료 3가지를 합의합니다(인원/복지목록/사고메모).

8장. 실천 방법 1: 오프닝 ➡ 점검 ➡ 다음 약속(대화 흐름)

- 오프닝: "오늘은 가입이 아니라 점검입니다."
- 점검: "겹침/빈틈/앞으로 비용 변화를 봅니다."
- 정리: "유지/정리/보완 중 방향만 잡습니다."
- 다음 약속: "자료 2개만 주시면 비교안으로 가져옵니다."

9장. 실천 방법 2: 후속 메시지 템플릿(바로 복사)

- 상담 후 문자: "잘한 점 2 / 보완 3 / 다음 확인 2" 형식으로 보냅니다.

도구 10 ｜ 하루 10분, AI 연습 루틴 만드는 법

AI를 잘 쓰는 가장 빠른 방법은 '완벽하게 이해한 뒤 시작하기'가 아니라 '매일 10분씩 써보는 것'이다.

하루 10분 루틴은 이렇게 잡으면 좋다.

- 3분: 오늘 보낼 카톡·문자 하나 AI로 만들기
- 4분: 내일 상담 또는 미팅용 문장 하나 뽑아보기
- 3분: 프롬프트 하나 수정·개선해서 저장하기

이 정도만 해도 1개월이면 'AI가 낯선 도구'에서 '매일 쓰는 기본 장비'로 자리를 잡는다.

✨ 현장 사례

A 설계사는 처음에 AI를 한 번 쓸 때마다 30분씩 붙잡고 씨름했다. 그래서 아예 "하루 10분만 한다"는 원칙을 세웠다.

출근 후 첫 10분은 어제 가장 어려웠던 카톡 문장을 다시 AI에게 부탁해 보고, 내일 상담 오프닝 멘트를 한 번 더 다듬는 시간으로 썼다.

3주쯤 지나자, 자주 쓰는 프롬프트가 쌓이고 상담 준비가 눈에 띄게 빨라졌다.

A 설계사는 "많이가 아니라 꾸준히가 답이었다."고 느꼈다.

대수쌤의 프롬프트 Tip

나는 보험설계사입니다.
AI와 친해지기 위해 '하루 10분 연습 루틴'을 만들고 싶습니다.

1) 아침에 3분 동안 할 것
2) 점심·이동 시간에 4분 동안 할 것
3) 저녁에 3분 동안 정리할 것

이렇게 세 구간으로 나누어서 현실적으로 실천 가능한 연습 루틴을 만들어 주세요.
각 항목은 3줄 이내로, 바로 따라 할 수 있게 구체적으로 적어 주세요.

GPT답변

1. 아침 3분
- 오늘 만날 고객 1명을 떠올리고, "고객 상황 1줄 요약"을 AI에게 먼저 써달라고 요청해 보세요.
- 이어서 "오늘 상담 목표 1줄 + 꼭 물어볼 질문 3개"만 뽑아 달라고 하세요.
- 나온 문장을 그대로 복사해 메모장에 저장해 두세요.

2. 점심·이동 4분
- 어제 또는 오늘 받은 고객 질문 1개를 AI에 붙이고, "고객 눈높이 2~3문장 답변"으로 바꿔 달라고 하세요.
- 반대 멘트가 있었다면 "부담 없이 2줄 답변 3버전"으로 만들고, 그중 1개만 선택해 저장하세요.
- 마지막 1분은 음성으로 "오늘 고객에게 보낼 카톡 2줄"을 말로 입력해 만들어 보세요.

도구 11 대면·전화·문자·콘텐츠, 채널별로 AI를 어디까지 쓸지 정하기

AI를 잘 쓰는 사람은 "뭘 쓸까?"보다 "어디까지 쓸까?"를 먼저 정한다.

특히 채널별로 역할을 나누면 헷갈리지 않고 오래 쓸 수 있다.

채널별 추천 사용 범위는 이 정도이다.

- 대면 상담:
  - 상담 오프닝 멘트, 설명 순서, 비유 표현까지 AI로 미리 뽑기
    - 전화 상담:

  - 첫 멘트, 핵심 설명 한 줄, 마무리 멘트 정도만 AI로 준비
    - 문자·카톡:

  - 안부, 안내, 점검 제안, 감사 인사 등은 대부분 AI로 초안 작성
    - 콘텐츠(블로그·유튜브·단체방 글):

  - 주제 리스트, 목차, 첫 초안까지 AI로 만들고
    - 마지막 표현 정리만 직접 하기

이렇게 "채널별 사용 범위"를 정해두면 AI를 어디까지 써도 되는지 마음이 훨씬 편하다.

B 설계사는 처음에 모든 걸 AI로 쓰려다 보니 말투가 자꾸 어색해지는 느낌을 받았다.

그래서 스스로 기준을 정했다.

"대면 상담에서는 말할 내용만 AI로 정리하고, 문자·카톡은 그냥 AI가 써준 걸 약간만 손본다."

그 이후로는 헷갈리지 않았고 각 채널마다 AI를 어떻게 쓸지 감이 잡혔다.

대수쌤의 프롬프트 Tip

저는 보험설계사입니다.
대면 상담, 전화 상담, 문자·카톡, 콘텐츠(블로그·영상)에 AI를 어디까지 활용할지 기준을 정하고 싶습니다.

각 채널별로
1) AI에게 맡길 일
2) 제가 반드시 직접 할 일
을 나누어 정리해 주세요.

각 채널당 5줄 이내로, 현실적으로 실천 가능한 수준에서 작성해 주세요.

GPT답변

대면 상담

- AI에게 맡길 일: 미팅 전 고객 정보 1줄 요약, 질문 6개 체크리스트, 상담 후 한 장 요약 초안을 준비해 두시는 것이 좋습니다.
- 제가 반드시 직접 할 일: 첫 인사와 분위기 만들기, 고객의 감정·우선순위 파악, 중요한 결정은 고객 반응을 보며 설명 순서를 조절하셔야 합니다.

전화 상담

- AI에게 맡길 일: 통화 목적 1문장, 핵심 질문 3개, 반대 멘트 답변 3가지 버전을 미리 만들어 두시는 것이 좋습니다.
- 제가 반드시 직접 할 일: 통화 속도와 호흡 맞추기, 고객이 불편해하는 지점을 바로 잡기, 다음 약속을 확정하는 마무리를 직접 하셔야 합니다.

문자·카톡

- AI에게 맡길 일: 상황 ➡ 이유 ➡ 선택권 흐름의 3줄 메시지, 상담 후 요약 문자(잘한 점/보완/다음 확인), 갱신 안내 문구를 만들게 하시는 것이 좋습니다.
- 제가 반드시 직접 할 일: 고객 이름·상황에 맞는 한 줄 개인화, 민감한 내용은 말투를 더 부드럽게 조정, 발송 타이밍과 빈도는 직접 관리하셔야 합니다.

콘텐츠(블로그·영상)

- AI에게 맡길 일: 주제 30개 아이디어, 글·영상 구조(도입-문제-해결-요약), 제목 후보와 체크리스트 문장을 먼저 뽑아 두시는 것이 좋습니다.
- 제가 반드시 직접 할 일: 실제 상담에서 나온 질문과 사례의 뉘앙스 반영, 내 목소리로 말하기(표정·호흡·경험), 사실 확인과 최종 문장 다듬기를 직접 하셔야 합니다.

도구 12 실수하지 않기 위한 'AI 사용 수칙' 5가지 정리

AI를 오래, 안전하게 쓰려면 처음부터 '내 사용 수칙'을 정해 두는 것이 좋다.

특히 보험영업에서는 개인정보와 회사 규정이 걸려 있기 때문에 더 중요하다.

기본 수칙은 다음 다섯 가지 정도가 적당하다.

⑴ 고객 실명·주민번호·연락처는 절대 입력하지 않는다.
⑵ 회사 전산 화면·내부 문서를 그대로 복붙하지 않는다.
⑶ AI가 써준 문장은 반드시 한 번 더 읽어 보고 쓴다.
⑷ 모르는 내용·애매한 내용은 회사 자료나 공식 문서로 다시 확인한다.
⑸ 중요한 제안·설명은 최종 책임이 나에게 있다는 걸 항상 기억한다.

이 다섯 가지만 지켜도 'AI 때문에 사고 나는 일'은 대부분 막을 수 있다.

✨ 현장 사례

C 설계사는 처음에 AI가 써준 문장을 거의 그대로 고객에게 보내곤 했다.

그러다 한 번, 약관 표현과 실제 상품 내용이 조금 다르게 설명된 문장을 발견하고 깜짝 놀랐다.

그 일을 계기로 "AI 사용 수칙 5가지"를 직접 정해 메모장과 다이어리에 붙여 두었다.

그 후로는 중요한 내용일수록 반드시 한 번 더 회사 자료와 비교하고 나서 사용했다.

대수쌤의 프롬프트 Tip

저는 보험설계사입니다.
AI를 활용하면서도 실수하지 않기 위해 제가 지켜야 할 'AI 사용 수칙' 5가지를 정리하고 싶습니다.

1) 개인정보 보호
2) 회사 규정 준수
3) 문장·내용 검토
4) 사실 확인
5) 책임 범위 인식

이 다섯 가지 관점을 기준으로 현실적으로 지킬 수 있는 수칙 5개를 만들어 주세요.
각 수칙은 한 줄 설명을 함께 붙여 주세요.

AI **GPT답변**

1. 개인정보는 "최소한만, 익명으로" 다루셔야 합니다
- 고객 이름·주민번호·연락처·주소·계약번호·병력 상세는 넣지 않고, 나이대/가족구성/직업/목표처럼 필요한 정보만 범주로 적으시면 됩니다.

2. 회사 규정과 컴플라이언스 문장은 "그대로" 지키셔야 합니다
- 상품 비교, 표현 금지, 고지 의무 안내, 광고·설명 의무 등 회사 기준 문구가 있으면 AI 문장보다 회사 문구를 우선으로 사용하시면 됩니다.

3. AI 초안은 "복사 ➡ 발송"이 아니라 "검토 ➡ 조정"이 원칙이셔야 합니다
- 숫자, 기간, 보장 범위, 표현 강도(단정/압박)를 먼저 보고, 고객 상황에 맞는 한 줄을 직접 덧붙여 보내시면 안전합니다.

4. 사실 확인은 "출처/증빙"이 있는 것만 확정하셔야 합니다
- 보험료, 갱신 여부, 지급 조건, 세제·제도 변경, 회사 복지 기준은 반드시 증권·약관·사내 문서·공식 안내로 확인한 뒤에 고객에게 전달하시면 됩니다.

5. 책임 범위는 "판단은 고객, 설명은 설계사"로 선을 잡으셔야 합니다
- AI는 정리와 초안 도구로만 쓰고, 최종 추천·적합성 판단·안내 책임은 본인이 진다는 문장 구조로 안내하시면 됩니다.

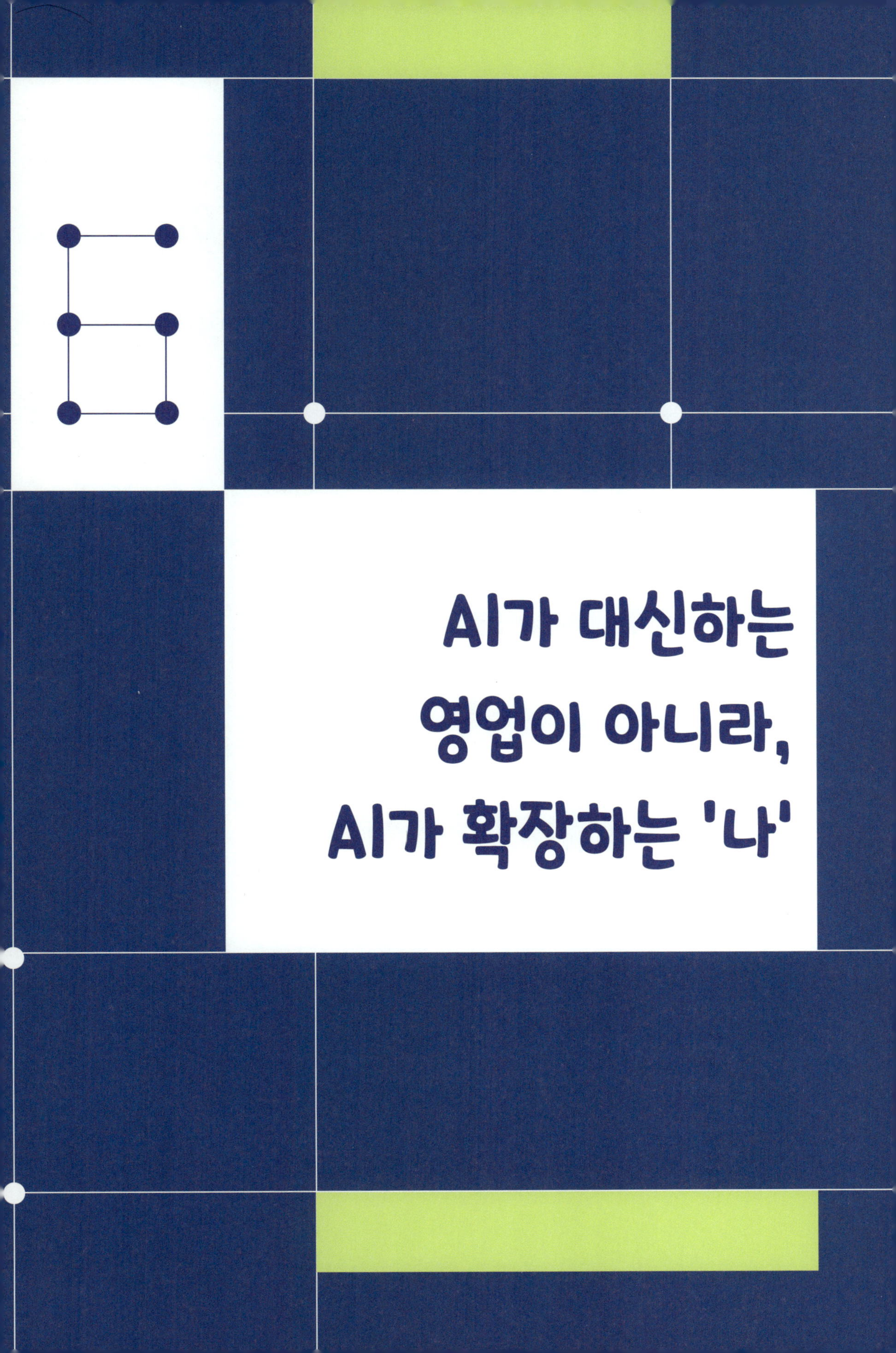
AI가 대신하는
영업이 아니라,
AI가 확장하는 '나'

AI가 대신하는 영업이 아니라, AI가 확장하는 '나'

이 책의 기초편은 하나의 분명한 목표를 향해 달려왔다.

설계사가 AI를 아는 상태가 아니라, 쓸 수 있는 상태가 되는 것.

메시지를 직접 만들어 보고, 상담 내용을 요약해 보고, 법인 제안서를 구조화해 보면서 설계사들은 어느 순간 깨닫게 된다.

"AI가 내 일을 빼앗는 게 아니구나.
오히려 내가 하지 못하던 일을 가능하게 해 주는구나."

PART 6은 이 깨달음을 **현실의 장면**으로 보여주는 장이다.

지금까지 배운 AI 활용법을 영업의 시작부터 사후관리까지 전부 적용하면, 설계사의 하루와 고객과의 대화는 어떻게 달라지는지를 담았다.

그리고 이 경험이 심화편에서 어떻게 더 확장될 수 있는지도 함께 보여준다.

1. AI를 '기술'이 아니라 '함께 일하는 파트너'로 만드는 공간

✦ 조대수의 AI 줌 오마카세 일요스터디방 ······················

매주 일요일 아침, 줌 화면 속에는 각기 다른 회사, 다른 연차, 다른 고민을 가진

설계사들이 모인다.

이곳은 단순한 강의실이 아니다.

AI를 실전에서 어떻게 쓰는지 함께 실험하는 주방, 그래서 이름도 '줌 오마카세'다.

여기서 다루는 질문은 늘 현실적이다.

- 고객이 이렇게 까다롭게 물어보면 어떻게 답해야 할까?
- 설명은 충분한데, 말이 길어져 신뢰가 떨어지지는 않을까?
- 전문성은 유지하면서도, 고객 눈높이에 맞추는 방법은 없을까?

스터디의 핵심은 하나다.

> "이 질문, 내가 혼자 끙끙대지 말고
> AI에게 먼저 물어보자."

AI는 답을 대신 던져주는 존재가 아니라, 설계사의 생각을 정리해 주고,

논리를 다듬어 주고, 표현을 고급스럽게 만들어 주는 조력자다.

✦ ○○손해보험 김○○ 설계사의 실제 사례 ·····························

김○○ 설계사는 한 고객으로부터 매우 꼼꼼한 질문을 받았다.

보험기간, 갱신 주기, 담보 구조, 최신 암치료까지 질문 하나하나가 얕은 설명으로는 넘길 수 없는 내용들이었다.

이때 김 설계사가 선택한 방법은 "대충 설명하기"도, "나중에 다시 연락드리기"도 아니었다.

AI에게 먼저 묻고, 그 답을 '설계사의 언어'로 정제해 고객에게 전달하는 것.

그 결과 고객에게 전달된 메시지는 단순한 보험 설명이 아니라,

하나의 **맞춤형 리포트**에 가까웠다.

- 갱신 주기별 보험료 차이를 수치로 비교해 주고
- 암주요치료 담보의 '버전 개념'을 아이폰에 비유해 설명하고
- 중입자 치료 같은 최신 의료기술을 "돈 걱정 없이 선택할 수 있는 권리"라는 언어로 풀어냈다.

이 메시지를 받은 고객의 반응은 단순했다.

"설명이 너무 명확해서, 오히려 더 안심이 됩니다."

이 순간, AI는 전면에 드러나지 않는다.

고객이 기억하는 것은 **김○○ 설계사의 전문성과 성실함**이다.

AI는 그 뒤에서 조용히, 그러나 결정적으로 설계사를 확장하고 있었다.

3. AI를 쓰는 설계사와 쓰지 않는 설계사의 차이

✦ AI를 활용한 설계사는

- 질문을 두려워하지 않는다.
- 설명이 길어질수록 오히려 더 명확해진다.
- "제가 다시 확인해 볼게요"라는 말을 거의 하지 않는다.

왜냐하면 확인하고 정리하는 시간을 AI가 대신해 주기 때문이다.

결국 고객이 느끼는 차이는 이것이다.

"이 사람은 정말 나를 위해 준비해왔다."

AI는 설계사를 대체하지 않는다.

AI는 설계사를 '준비된 사람'으로 만들어 준다.

정리 01 대수굿쌤이 이 책에서 꼭 해봤으면 하는 예제 10선

이 10가지만 손에 익히면, 초보 설계사의 AI 활용은 이미 70%는 갖춘 셈입니다.

그리고 이 예제들은 한 번만 만들어두면 끝이 아닙니다.

그 다음부터는 필요할 때마다 꺼내서 그대로 쓰거나, 상황에 맞게 조금만 고쳐서 계속 써먹을 수 있도록 구성했습니다.

1) 고객 정보 1줄 요약 + 주의 포인트 3개

언제 쓰나? 상담 전날/당일, 고객 정보가 흩어져 있을 때

입력(내가 넣을 것) 나이, 가족, 직업, 기존보험, 최근 이슈(증액 제안/청구 경험 등)

아래 고객 정보를 상담 준비용으로 한 줄 요약해 주세요.
그리고 상담에서 유의할 포인트 3가지도 제시해 주세요.

- (여기에 고객 정보 붙여넣기)

AI 결과물(내가 얻는 것)

- 한 줄 요약(상담 방향의 '북극성')
- 유의 포인트 3개(실수 방지 체크)

현장 팁(말로 꺼내는 한 문장)

"오늘은 가입 권유가 아니라, 지금 보험이 생활에 맞는지 점검부터 하겠습니다."

2) 상담 준비 체크리스트 자동 생성

언제 쓰나? 상담 전에 무엇부터 확인할지 머리가 복잡할 때

입력 1번에서 만든 한 줄 요약

프롬프트(복붙용)

이 고객과 상담하기 전 반드시 확인해야 할 체크리스트를
1) 기존 보장 점검 2) 가족·소득·건강 질문 3) 향후 리스크 4) 오늘 상담 목표
이 네 영역으로 나눠 만들어 주세요.

AI 결과물

- 상담 전에 출력해두는 "길 잃지 않는 지도"

체크리스트를 "다 묻는 도구"가 아니라 "빠뜨리지 않는 도구"로 씁니다.

3) 기존 보험 5줄 요약 + 아쉬운 점 3가지

언제 쓰나? 증권이 길고 복잡해서 설명 시간이 늘어질 때

입력 증권 핵심(보험사/상품명/특약/보장금액/갱신여부)

프롬프트(복붙용)

아래 기존 보험 내용을 고객이 한눈에 이해하도록
보험 용어 없이 ❶ 5줄 요약 ❷ 아쉬운 점 3가지로 정리해 주세요.(내용 붙여넣기)

AI 결과물

- 고객이 "아, 그래서 뭘 해야 하는지" 바로 이해하는 요약본

현장 팁

요약을 보여주고 이렇게 말하면 신뢰가 올라갑니다.
"제가 늘리는 이야기는 뒤에 하고요. 먼저 '겹치는 것'과 '빈 곳'부터 보겠습니다."

언제 쓰나? 상담 첫 1분이 어색하거나, 목적을 단단히 잡고 싶을 때

입력 고객 상황 + 상담 목적(점검/정리/보완)

프롬프트(복붙용)

(고객 상황)입니다.
분위기는 부드럽게, 그러나 오늘 목적은 명확하게 전달하는
오프닝 멘트 3가지를 3~4문장으로 만들어 주세요.

AI 결과물

- 내 말투에 맞게 골라 쓰는 오프닝 세트

현장 팁

"오늘은 '결정'이 아니라 '정리'가 목적입니다." 이 한 줄이 상담을 안정시킵니다.

5) 반대 멘트 대응 3종(각 3줄 이내)

언제 쓰나? 고객이 "바빠서요/이미 충분해요/작년에 증액이 부담이었어요"라고 할 때

입력 자주 나오는 반대 멘트 2~3개

프롬프트(복붙용)

아래 반대 멘트에 대해
부담스럽지 않게, 전문성은 보이되 압박은 없는 답변을
각각 3줄 이내로 3가지 버전 만들어 주세요.

- 멘트1:
- 멘트2:

- "말문이 막히는 순간"을 없애는 안전장치

반대 멘트의 핵심은 설득이 아니라 안심입니다.
"필요 없으면 유지가 결론입니다." 이 한 문장이 가장 강합니다.

6) 카카오톡 인사말 템플릿 3종(관계별)

언제 쓰나? 첫 인사/오랜만 인사/소개받은 인사 등, 매번 문장이 비슷해질 때

입력 관계(소개/기존/재접촉) + 톤(따뜻/담백/유머)

보험 설계사가 고객에게 보내는 카카오톡 인사말을
❶ 소개받은 첫 인사 ❷ 오랜만에 재연락 ❸ 상담 후 감사 인사
각 2~3줄로 만들어 주세요.
톤은 (따뜻하고 담백하게/조금 유머 있게)로 해 주세요.

- '연락이 자연스러워지는' 3종 세트

7) 생일·기념일 메시지 "묶음" 만들기 (12개월 자동 자산)

언제 쓰나? 사후관리를 체계로 만들고 싶을 때

입력 고객군(개인/법인대표/가족고객) + 톤

프롬프트(복붙용)

> 보험 설계사가 고객에게 보낼
> 생일/결혼기념일/자녀 입학/명절/연말 감사 메시지를
> 각 상황별 3개씩, 카카오톡 2~3줄로 만들어 주세요.
> 톤은 따뜻하고 부담 없게 해 주세요.

AI 결과물

- "1년에 1번 만드는 사후관리 자산"

언제 쓰나? 법인 첫 미팅에서 업종 이해가 부족할 때

입력 업종 + 규모 + 최근 이슈(산재/이직/거래처 편중 등)

프롬프트(복붙용)

> 직원 ( )명 규모의 (업종) 법인을 처음 상담합니다.
> 이 업종의 대표 리스크 8가지와 복지·보장에서 흔한 문제 5가지를
> 대표에게 설명할 수 있을 만큼 쉬운 말로 정리해 주세요.
> 마지막에 **현장에서 바로 말할 한 줄 멘트**도 만들어 주세요.

AI 결과물

- "업종 이해 80%"를 만들어 주는 한 장 요약

현장 팁

대표는 전문용어보다 "회사 손실이 어디서 터지는지"를 듣고 싶어합니다.

---

9) 제안서 기본 목차 자동 설계(10~12장) + 슬라이드 문장까지

언제 쓰나? PPT를 만들려는데 순서가 안 잡힐 때
입력 고객 유형(개인/법인) + 목표(정리/보완/패키지 제안)

프롬프트(복붙용)

> (개인/법인) 제안서 목차를 10~12장으로 설계해 주세요.
> 각 슬라이드에 들어갈 핵심 포인트를 2~3개씩 적어 주세요.
> 가능하면 슬라이드에 바로 붙여 넣을 문장형으로 써 주세요.

- 목차(구조) + 문장(콘텐츠)  디자인만 얹으면 끝

현장 팁

초보는 "디자인"보다 "순서"에서 무너집니다. 목차가 설득의 절반입니다.

10) 미팅 후 요약 메시지/메일 자동 작성(바로 전송본)

언제 쓰나? 상담 후 관계가 흐려지지 않게 '정리'로 신뢰를 남기고 싶을 때

입력 상담 결론(유지/정리/보완) + 다음 준비물

프롬프트(복붙용)

오늘 상담 내용을 고객에게 보낼 요약 메시지를 작성해 주세요.
- 잘하고 있는 점 2개
- 보완이 필요한 점 3개
- 다음 상담 때 확인할 항목 2개
톤은 따뜻하고 담백하게, 문자/카톡 8줄 이내로 써 주세요.

AI 결과물

- 상담의 기억을 "신뢰"로 고정시키는 마무리 메시지

현장 팁

마지막 문장은 이렇게 닫으면 좋습니다. **"자료만 보내주시면 다음 시간엔 한 장으로 정리해서 선택만 하시면 되게 해드릴게요."**

✨ 확장 실전 사례 ❶ (개인고객)

"하루 영업이 한 줄로 정리되는 흐름"

초보도 따라 하기 쉽도록 **3단계**로만 씁니다.
준비 ➡ 상담 ➡ 사후관리

A. 준비(전날 10분)

- 1번(한 줄 요약)
- 2번(체크리스트)
- 4번(오프닝 3종)
- 5번(반대 멘트 3종)

B. 상담(현장 40~60분)

- 3번(기존 보험 5줄 요약)으로 "겹침/빈틈"을 보여줌
- 결론은 3가지 중 하나로만 닫음: 유지 / 정리 / 보완

C. 사후관리(상담 직후 3분)

- 10번(요약 메시지) 전송
- 7번(기념일 메시지 묶음)으로 관계 루틴 자동화

✨ 확장 실전 사례 ❷ (법인)

"처음 만난 회사도 40분 안에 '3단 구조 제안'"

법인은 초보가 어려워하는 포인트가 딱 3개입니다.
업종 이해 ➡ 질문 ➡ 제안 구조

(1) 8번으로 업종 리스크 한 장 정리
(2) (질문 리스트) "인사/복지/재무/계획" 4묶음 질문 생성
(3) 9번으로 제안서 목차 10~12장 자동 설계
(4) 10번으로 미팅 후 정리 메일 발송(다음 미팅 자료 요청 포함)

현장 후기도 "한 문장 구조"로 바꾸면 더 세련됩니다

지금 후기 문장도 좋지만, 아래처럼 **전/후/결과** 3줄이면 독자가 더 빨리 이해합니다.

예시(개인영업 K 설계사)

- before: 상담 준비에 1시간 이상 걸려 흐름이 흔들림
- after: AI로 요약+체크리스트를 만들어 준비가 20~25분으로 단축
- 결과: 설명이 정교해져 고객 이해도가 올라가고 상담 확률이 상승

예시(법인영업 S 설계사)

- 전: 법인은 막연해서 피했음
- 후: 업종조사 ➡ 질문 ➡ 목차까지 40분에 구조화
- 결과: 대표 반응 "구조가 명확하다"로 첫 미팅 통과

✨ 확장 실전 사례 ❸

AI 영업 시스템 구축

설계사 1명이 AI 4종으로 만드는 '반자동으로 굴러가는 영업 방식'

이 사례는 AI를 잘 쓰는 방법을 보여주는 이야기가 아니다.
설계사 스스로가 '영업이 돌아가는 방식'을 다시 짠 과정에 가깝다.

R 설계사는 12년 차였다.
경험도 있었고, 설명도 자신 있었다.

다만 늘 같은 문제가 반복됐다.

- 고객에게 보낼 문장을 매번 새로 고민해야 했고
- 상담 준비는 늘 막판에 몰렸으며
- 잘 설명했던 말들은 머릿속에만 남아 사라졌다

R 설계사가 AI를 쓰기 시작한 이유는 단순했다.

더 많이 일하기 위해서가 아니라,

덜 소모되면서도 같은 수준을 유지하기 위해서였다.

❶ GPT – 먼저 '보험영업 비서'로 역할부터 정하다

R 설계사는 AI에게 일을 시키기 전에 먼저 **어떤 기준으로 도와줄지**를 정해주었다.

기본 설정 문장

당신은 나의 보험영업 비서입니다.
말투는 부드럽고 간결하며 설명 중심입니다.
개인·법인 고객 모두를 다루고,
고객 메시지, 상담 준비, 문서 정리를 실무적으로 도와주세요.
앞으로의 답변은 이 기준을 유지해 주세요.

이 설정을 해두자 GPT는 일반적인 답을 주지 않았다.

R 설계사의 말투와 흐름에 맞춰 정리해 주는 조력자가 되었다.

이후부터 R 설계사는 길게 설명하지 않는다.

"개인 고객 / 점검 상담 / 카톡 문장"처럼 **상황만 던지면 바로 결과물**이 나왔다.

❷ GPT 프로젝트 – 매번 다시 쓰지 않게 만드는 '말 정리'

R 설계사가 가장 먼저 줄이고 싶었던 건 시간이 아니라 **생각 소모**였다.

생일 인사, 갱신 안내, 상담 전 메시지처럼 자주 쓰지만 매번 새로 쓰던 말들 때문이다.

그래서 그는 AI가 만들어 준 문장들을 그냥 넘기지 않고 **한곳에 모아 정리**하기로 했다.

R 설계사가 선택한 방법은 어렵지 않았다.

구글 문서 하나를 열고 제목을 이렇게 붙였다.

〈자주 쓰는 고객 메시지 모음〉

그리고 그 안에

- 생일에 보내는 기본 인사
- 갱신 시점에 전하는 안내 문장
- 상담 전 꼭 전달해야 할 준비 메시지
- 고객이 망설일 때 자주 쓰는 설명 말

을 차곡차곡 붙여 넣었다.

이제 그는 "뭐라고 보내지?"를 고민하지 않는다.

상황이 생기면, 그 문서를 열어 한 줄을 골라 복사하면 된다.

❸ 캔바 – 디자인이 아니라 '고민'을 없애다

R 설계사는 자료를 만들 때마다 비슷한 고민을 반복하고 있었다.

- 이 색이 나을까
- 이 글씨가 더 나을까

그는 이 문제를 디자인 감각의 문제로 보지 않았다.

결정을 너무 많이 해야 하는 구조의 문제라고 봤다.

그래서 캔바에서 아주 단순한 기준을 만들었다.

- 브랜드 색상 1개
- 글꼴 2종
- 고객 안내 카드 3종
- 제안서·교육용 PPT 1종

이후로는 색도, 폰트도, 레이아웃도 고민하지 않는다.

그의 자료는 늘 비슷하게 보이고, 고객은 무의식적으로 이렇게 느낀다.

　"이 사람은 정리가 되어 있네."

캔바는 디자인 툴이 아니라 **설계사의 이미지를 흔들리지 않게 잡아주는 도구**가 되었다.

> **이 사례의 핵심 한 줄**
>
> AI는 설계사를 대신하지 않는다.
> 설계사가 지치지 않게 일하도록, 일을 정리해 줄 뿐이다.

❹ 노트북LM – '내 설명을 저장해 두는 공간'

R 설계사는 어느 날 이런 생각이 들었다.

　"내가 설명을 잘했을 때의 말들, 그냥 흘려보내기엔 너무 아깝지 않나?"

그래서 그는 상담 중 반응이 좋았던 설명, 제안서에 자주 쓰는 문장, 고객이 고개를 끄덕였던 표현들을 노트북LM에 모으기 시작했다.

그 후로 노트북LM은 단순한 저장 공간이 아니게 되었다.

'R 설계사식 설명'을 기억하는 공간이 되었다.

이제 그는 이렇게 묻는다.

> "지난 3년간 내가 설명했던 암보험 내용을 바탕으로
> 초등학생에게 설명하듯 5문장으로 정리해 주세요."

돌아오는 답은 어디서 본 보험 설명이 아니다.

R 설계사가 컨디션 좋을 때 했던 설명과 닮아 있다.

노트북LM은 새로운 지식을 만들어 주지 않는다.

내가 쌓아 온 설명을 언제든 다시 꺼내 쓰게 해 준다.

❺ 하루를 AI 기준으로 다시 짜다

R 설계사의 하루는 이렇게 바뀌었다.

- 아침 10분 ➡ 오늘 보낼 카톡 3개 정리
- 점심 전 5분 ➡ 내일 상담 고객 체크리스트
- 오후 5분 ➡ 고객 콘텐츠 아이디어 정리
- 주 1회 ➡ 노트북LM으로 설명 정리

그는 이렇게 말했다.

> "일이 줄어든 건 아닌데, 하루가 훨씬 정돈된 느낌이에요."

AI를 쓰기 전, R 설계사는 하루 3~4시간을 문서와 메시지 작성에 썼다.

지금은 그 시간이 1시간 이내로 줄었다.

그 여유로

- 상담 준비의 깊이가 달라졌고
- 고객 설명은 더 또렷해졌으며
- 학습과 정리에 다시 시간을 쓸 수 있었다.

3개월 뒤, 월 평균 계약 건수는 1.6배가 되었다.

확장 실전 사례 ④

사후관리가 달라지다

"연락해야 할 때를 고민하지 않게 만드는 AI 사후관리 흐름"

이 사례는 계약을 잘 따낸 이야기가 아니다. 계약 이후의 관계를 어떻게 유지할 것인가에 대한 이야기다.

많은 설계사들이 이 구간에서 막힌다.

- 연락을 안 하자니 신경 쓰이고
- 연락을 하자니 괜히 영업 같고
- 결국 "연락해야지" 생각만 하다 시간이 지나간다

K 설계사도 마찬가지였다.

사후관리가 중요하다는 건 알았지만, 언제, 무슨 말로, 어떻게 연락해야 할지가 늘 애매했다.

❶ 문제의 핵심은 '성의'가 아니라 '기준 부재'

K 설계사는 스스로를 돌아봤다.

"내가 게을러서가 아니라, 기준이 없어서 연락을 미루는 거구나."

사후관리는 마음의 문제가 아니라 구조의 문제라는 걸 깨달은 순간이었다.

그래서 그는 AI를 이용해 사후관리를 '감정'이 아니라 흐름으로 만들기로 했다.

❷ GPT – 사후관리의 '기본 말투'를 먼저 정하다

K 설계사는 먼저 사후관리에서 사용할 말의 기준부터 정했다.

기본 설정 문장

당신은 나의 보험 사후관리 비서입니다.
말투는 부담 없고 따뜻하며,
영업처럼 느껴지지 않게 정리해 주세요.
목적은 판매가 아니라 관계 유지입니다.
모든 메시지는 카카오톡 기준 2~3줄 이내로 작성해 주세요.

이 설정 이후, GPT가 만들어 주는 문장은 확실히 달라졌다.

- 설명은 줄고
- 안부는 자연스러워졌고
- "답장해야 할 압박"이 사라졌다

❸ '연락하는 날'을 먼저 정리하다

K 설계사는 무슨 말을 할지 고민하기 전에 언제 연락할지부터 정리했다.

그가 정리한 기준은 단순했다.

- 생일
- 보험 갱신 한 달 전
- 상담 한 달 후
- 연말 감사 인사

이 네 가지만 챙겨도 1년 사후관리의 큰 줄기는 완성된다는 걸 알았다.

그리고 이 기준을 구글 문서 한 장에 적어 두었다.

〈사후관리 연락 기준표〉

❹ AI로 '부담 없는 문장'을 미리 만들어 두다

그 다음 단계는 문장이었다.
K 설계사는 AI에게 이렇게 요청했다.

> "생일, 갱신 전, 상담 후, 연말 인사에 쓸 부담 없는
> 카카오톡 문장을 각각 3개씩 만들어 주세요."

AI가 만들어 준 문장 중 마음에 드는 것만 골라 구글 문서에 그대로 붙여 넣었다.

이 문서는 K 설계사의 사후관리 노트가 되었다.

이제 그는 연락할 날이 오면 고민하지 않는다.

- 문서를 열고
- 상황에 맞는 문장을 고르고
- 이름만 바꿔 보내면 끝이다.

❺ 사후관리가 '영업'처럼 느껴지지 않게 된 이유

신기한 변화가 일어났다.

고객이 이렇게 답하기 시작한 것이다.

"이렇게 챙겨주셔서 감사합니다."
"보험 말고도 계속 신경 써주시는 느낌이네요."

K 설계사는 아무것도 더 팔지 않았다.

다만 연락의 타이밍과 말투가 바뀌었을 뿐이다.

사후관리는 열심히 하는 사람이 잘하는 게 아니라, 미리 정리해 둔 사람이 편하게 하는 일이라는 걸 체감했다.

> **이 사례의 핵심 한 줄**
>
> 사후관리는 말을 잘해서 되는 게 아니다.
> 연락할 때와 말을 미리 정해두면, 자연스럽게 이어진다.

❻ 하루 3분으로 끝나는 사후관리 루틴

K 설계사의 사후관리 루틴은 이렇다.

- 주 1회, 10분
  ➡ 다음 주 연락할 고객 확인

- 연락 당일, 3분
  ➡ 사후관리 노트 열기 ➡ 문장 복사 ➡ 발송

그는 이렇게 말했다.

> "예전엔 사후관리가 숙제였는데,
> 지금은 그냥 일정 하나 처리하는 느낌이에요."

현장 결과

- 사후관리 연락 누락 거의 사라짐
- 고객과의 관계 온도 유지
- 추가 상담 요청 자연스럽게 증가

K 설계사는 "사후관리를 잘해야 영업이 된다"는 말을 이제서야 이해했다고 말했다.

✨ 확장 실전 사례 ❺

콘텐츠가 부담이 되지 않다

> "매일 고민하지 않아도 이어지는 AI 콘텐츠 운영 방식"

이 사례는 글을 잘 쓰는 설계사의 이야기가 아니다.

콘텐츠를 '꾸준히' 이어가게 된 설계사의 이야기다.

많은 설계사들이 같은 고민을 한다.

콘텐츠가 중요하다는 건 알겠는데 뭘 써야 할지 모르겠고 며칠 하다 보면 다시 멈춘다.

P 설계사도 그랬다.

강의도 했고, 상담 경험도 많았지만 막상 글을 쓰려고 하면 손이 멈췄다.

> "쓸 건 많은데, 막상 쓰려고 하면 정리가 안 돼요."

❶ 문제는 '재능'이 아니라 '출발점'이었다

P 설계사는 어느 순간 깨달았다.

자신이 글을 못 쓰는 게 아니라, 매번 처음부터 쓰려고 해서 힘들었다는 것을.

그래서 방향을 바꿨다.

잘 쓰려고 하지 말고, 먼저 꺼내 놓자.

이때부터 AI는 '글을 대신 써주는 존재'가 아니라 생각을 꺼내 주는 도구가 되었다.

❷ GPT – 상담 내용을 그대로 콘텐츠 재료로 쓰다

P 설계사는 상담이 끝날 때마다 머릿속에 남아 있던 장면을 하나 떠올렸다.

- 고객이 가장 오래 머뭇거린 질문
- 설명하다가 고개를 끄덕였던 순간
- "아, 그건 처음 알았어요"라는 반응

그리고 GPT에게 이렇게 부탁했다.

> 오늘 상담에서 고객이 가장 많이 고민했던 질문을 바탕으로
> 보험을 어렵지 않게 설명하는 짧은 글 초안을 만들어 주세요.
> 톤은 설명하듯, 영업 느낌 없이 써 주세요.

GPT가 만들어 준 글은 완성본이 아니었다.

하지만 출발점으로는 충분했다.

❸ '잘 쓴 글'보다 '내 말 같은 글'을 남기다

P 설계사는 GPT가 만든 글을 그대로 올리지 않았다.

- 말투를 조금 고치고
- 실제 상담에서 했던 한 문장을 덧붙이고
- 너무 딱딱한 표현은 빼냈다

그 결과 글은 누가 봐도 "문장력 좋은 글"은 아니었지만, P 설계사 같은 글이 되었다.

그는 이 방식을 이렇게 표현했다.

"글을 쓰는 게 아니라, 상담을 정리해서 남기는 느낌이에요."

❹ 구글 문서 하나로 '콘텐츠 메모 노트'를 만들다

P 설계사는 글이 될 만한 재료들을 흘려보내지 않기 위해 구글 문서 하나를 만들었다.

제목은 단순했다.

〈상담에서 나온 이야기 메모〉

그 안에는

- 오늘 상담에서 나온 질문 한 줄
- 고객 반응이 좋았던 설명
- 나중에 글로 써도 좋겠다는 생각

이렇게 짧은 메모만 남겼다.

이 문서는 나중에 GPT에게 다시 던질 이야기 재료 노트가 되었다.

❺ GPT – 소재가 막힐 때 '방향'만 묻다

글을 계속 쓰다 보면 이런 순간이 온다.

"요즘 뭘 써야 하지?"

그럴 때 P 설계사는 GPT에게 글을 맡기지 않았다. 방향만 물었다.

> 요즘 개인 고객 상담에서 콘텐츠로 풀기 좋은 주제
> 5가지를 제안해 주세요.
> 제목만 짧게 써 주세요.

이렇게 나온 제목들은 글이 아니라 힌트였다.

그중 하나를 골라

- 다시 GPT에게 초안을 부탁하거나
- 상담 경험을 덧붙여 글을 완성했다.

❻ 콘텐츠가 '숙제'에서 '흐름'이 되다

이 방식으로 바뀌자 놀라운 변화가 생겼다.

오늘 상담 ➡ 내일 글 소재
고객 질문 ➡ 콘텐츠 주제
설명했던 말 ➡ 게시글 한 편

콘텐츠를 위해 따로 시간을 빼지 않아도 일상이 자연스럽게 이어졌다.

P 설계사는 이렇게 말했다.

"이제는 '글을 써야 한다'는 생각이 아니라,

'오늘 상담에서 하나 건졌다'는 느낌이에요."

현장 결과

- 콘텐츠 중단 없이 꾸준히 업로드
- 글을 보고 먼저 상담 문의 증가
- "글이 영업 같지 않고 설명 같아서 좋다"는 반응

P 설계사는 콘텐츠가 영업을 대신하지는 않지만, 영업의 문을 훨씬 부드럽게 열어 준다는 걸 체감했다.

> **이 사례의 핵심 한 줄**
>
> **콘텐츠는 잘 쓰려고 시작하면 멈춘다.
> 상담을 정리하듯 남기면, 자연스럽게 이어진다.**

✨ 확장 실전 사례 ❻

법인 첫 미팅이 정리되다

"처음 만나는 회사도 흐름을 잡아주는 AI 상담 방식"

이 사례는 법인영업을 오래 해온 설계사의 이야기가 아니다.
법인 첫 미팅이 늘 부담이었던 설계사의 이야기다.

많은 설계사들이 법인 미팅 앞에서 멈춘다.

- 업종을 잘 모르겠고
- 무엇부터 물어봐야 할지 헷갈리고
- 준비를 많이 했는데도, 막상 미팅이 산으로 간다

L 설계사도 그랬다.

개인 고객 상담은 익숙했지만, 법인 미팅만 앞두면 준비 시간이 배로 늘어났다.

　"자료는 잔뜩 봤는데,
　막상 대표 앞에 앉으면 뭘 먼저 꺼내야 할지 모르겠어요."

❶ 문제는 '지식 부족'이 아니라 '정리의 부재'

L 설계사는 스스로를 돌아봤다.

법인을 못 해서가 아니라, 법인 미팅의 구조가 머릿속에 없었다는 걸 깨달았다.

그래서 방향을 바꿨다.

　업종을 다 알 필요는 없다.
　대신, 미팅의 흐름만 잡자.

이때부터 AI는 자료를 찾아주는 도구가 아니라 미팅의 순서를 잡아주는 도우미가 되었다.

❷ GPT – 업종을 한 장으로 정리하다

L 설계사는 첫 미팅 전, GPT에게 이렇게 부탁했다.

> 직원 30~40명 규모의 ○○업종 법인을 처음 상담합니다.
> 이 업종에서 대표가 가장 민감해하는 리스크 7가지를
> 현장에서 설명할 수 있을 만큼 쉬운 말로 정리해 주세요.
> 마지막에 대표에게 바로 꺼낼 수 있는 한 문장도 만들어 주세요.

AI가 정리해 준 내용은 전문 보고서가 아니었다.

대화의 출발점에 가까웠다.

이 한 장으로 L 설계사는 "업종을 모른다"는 불안에서 벗어났다.

❸ GPT – 첫 미팅 질문을 미리 정리하다

그다음 단계는 질문이었다.

L 설계사는 AI에게 질문을 맡겼다.

> 법인 대표와 첫 미팅에서 꼭 물어봐야 할 질문을
> 인사·급여 / 복지·보장 / 재무·안정성 / 향후 계획
> 이 네 가지로 나눠 정리해 주세요.
> 질문은 너무 전문적이지 않게 작성해 주세요.

이 질문 리스트는 '캐묻는 질문'이 아니라 대표가 편하게 말할 수 있는 틀이 되었다.

미팅의 주도권이 자연스럽게 설계사에게 넘어왔다.

❹ 미팅의 목적을 '가입'이 아니라 '정리'로 바꾸다

L 설계사는 미팅 초반에 이렇게 말했다.

> "오늘은 바로 결정하는 자리가 아니라,
> 회사 상황을 한 번 정리해 보는 자리로 생각하시면 됩니다."

이 한 문장으로 대표의 경계가 눈에 띄게 풀렸다.

AI가 정리해 준

- 업종 리스크
- 질문 리스트

덕분에 미팅은 흩어지지 않고 '정리 ➡ 공감 ➡ 다음 단계'로 흘러갔다.

❺ 미팅 후, 정리 메일로 흐름을 이어가다

미팅이 끝난 뒤 L 설계사는 AI에게 이렇게 요청했다.

오늘 대표님과 나눈 내용을 정리한 메일을 작성해 주세요.
① 논의된 핵심 5줄
② 대표님이 중요하게 본 포인트 3줄
③ 다음 미팅까지 준비할 항목 3가지를 포함해 주세요.
톤은 정중하지만 부담 없게 작성해 주세요.

이 메일 한 통으로 대표는 이렇게 느꼈다.

"이 미팅, 그냥 만난 게 아니구나."

법인영업에서 첫 미팅 이후가 가장 중요한데, 그 연결이 자연스럽게 이어졌다.

현장 결과

- 법인 첫 미팅 준비 시간 대폭 감소
- 미팅 중 대화가 산만해지지 않음
- "구조가 명확하다"는 대표 반응 증가

L 설계사는 이렇게 말했다.

"법인이 무서운 게 아니라, 정리가 안 돼 있어서 두려웠던 거였어요."

법인 첫 미팅은 많이 아는 사람이 잘하는 게 아니다.
흐름을 잡는 사람이 다음 미팅을 만든다.

✨ 확장 실전 사례를 마치며

여기까지의 사례들은 특별한 설계사의 이야기만은 아니다.

- 말을 잘해서가 아니라
- 기술을 많이 알아서가 아니라

AI에게 '정리'를 맡겼을 때 평범한 설계사의 하루와 영업이 달라진 이야기다.

AI는 설계사를 대신하지 않는다.

다만 설계사가 흔들리지 않게, 지치지 않게, 흐름을 만들도록 돕는다.

이제 심화편에서는 이 흐름을 각자의 스타일과 철학에 맞게 더 깊이 확장해 나가게 될 것이다.

 다음 책 심화편에서는 무엇을 다루게 될까?

기초편 이후, 심화·고급편으로 넘어가기 전에 반드시 해볼 7가지 연습

이 단계는 기초편과 심화편 사이의 '연결 다리' 역할을 한다.

아래 7가지를 해봤다면, AI를 '도와주는 도구'가 아니라 '영업 시스템의 일부'로 받아들이기 시작한 것이다.

연습 ❶ 고객 1명을 골라 전체 여정을 AI와 함께 완성하기

첫 연락 ➡ 상담 준비 ➡ 상담 ➡ 사후관리

이 과정을 한 고객에게 실제로 적용해 본다.

연습 ❷ 기존 보험 3건을 AI에게 요약시켜 비교해 보기

비교 설명을 AI에게 맡기면 설계사는 고객 설명에 더욱 집중할 수 있다.

연습 ❸ 반대 멘트 5종에 대한 대응 멘트 만들기

"비싸요 / 고민해볼게요 / 배우자와 상의해야… / 기존에 비슷한 게 있어요 / 나중에 할게요" 이 5가지는 80%의 상황에서 반복된다.

연습 ❹ 법인 업종 3개를 선택해 리스크 분석 연습하기

병원·학원·식당 정도로 시작하면 충분하다.

연습 ❺ 나만의 AI 템플릿 10개 정리하기

상담·메시지·사후관리·법인·콘텐츠 분야에서 각각 2개씩 구성한다.

연습 ❻ 내 말투를 AI가 재현하는지 테스트하기

같은 문장을 3번 요청해 말투 일관성을 점검한다.

연습 ❼ 상담 오프닝·마무리 멘트를 3종씩 만들어 두기

실전에서 가장 자주 쓰이므로 미리 준비해 두면 상담의 흐름이 훨씬 안정된다.

기초편이 "AI를 쓸 수 있는 사람"이 되는 단계였다면,
심화편은 "AI로 나만의 영업 시스템을 만드는 사람"이 되는 단계이다.

기초편이 'AI를 써본다'는 감각을 만드는 단계라면,

심화편에서는

- 고객 유형별 AI 프롬프트
- 법인·고액자산가 상담 구조 자동화
- 설계사 개인의 말투와 철학을 반영한 AI 활용까지 확장된다

심화편에서 다룰 세부 주제는 다음과 같다.

- **자동화**
  - 고객 메시지, 뉴스 요약, 점검 리포트, 일정 관리의 정기 자동화

- **콘텐츠**
  - 유튜브·블로그·SNS 콘텐츠를 AI와 결합해 계획 ➡ 제작 ➡ 발행 자동화

- **조직관리(관리자용)**
  - 지점장·팀장용 교육자료 자동 생성, 실적 분석 자동화

- **고급 법인 관리**
  - 업종 DB 구축, 재무 구조 분석, 임직원 복지 비교 설계 자동화

- **대규모 고객 관리**
  - 1인 설계사가 수백 명 고객을 관리하는 반자동 운영체계 만들기

심화편의 방향은 명확하다.

AI를 쓰는 설계사에서, AI를 활용해 '영업 프로세스를 만드는 설계사'로 성장하는 것.

다음 심화편에서 우리는 당신의 영업을 '확장하는 AI 시스템'을 본격적으로 구축해 나갈 것이다.

AI는 점점 더 '도구'가 아니라 설계사의 분신에 가까워진다.

이 책의 마지막 장에서 꼭 전하고 싶은 말은 하나다.

> AI는 영업을 대신하지 않는다.
> AI는 당신이 더 당신답게 일하도록 확장해 줄 뿐이다.

그리고 그 확장은 이미 현장에서, 이미 평범한 설계사들의 일상 속에서 조용히 시작되고 있다.

에필로그

함께 걸어온 보험의 시간, 그리고 앞으로의 시간

이 책을 여기까지 읽었다면, 당신은 이미 한 번은 손을 뻗어본 사람이다. AI가 두렵지 않다고 말하기는 쉽다. 하지만 바쁜 하루 사이에서 시간을 내어, 낯선 도구를 '내 일'에 붙여보려는 마음을 내는 일은 생각보다 어렵다.

그래서 나는 이 마지막 페이지에서 기술 이야기를 더 하고 싶지 않다. 대신 사람 이야기를 하고 싶다. 보험이라는 일을 매일 이어가는 당신의 이야기, 그리고 우리 업의 마음에 대한 이야기다.

나는 오랫동안 법인영업 현장에서 수많은 사람과 회사를 만났다. 좋은 날도 있었고, 마음이 무너지는 날도 있었다. 그 시간을 지나며 확실히 알게 된 것이 있다. 보험은 결국 '상품'이기 전에 '관계'라는 사실이다. 누군가의 삶에 가장 불안한 순간이 찾아왔을 때, 그 곁에 서서 "괜찮다"고 말해주는 일. 그 역할을 설계사가 해낸다.

AI는 그 자리를 대신하지 못한다. 다만 그 자리까지 가는 길을 덜 지치게 만들어줄 수는 있다. 문장 하나를 붙잡고 고민하느라 늦어진 밤을 줄이고, 정리해야 할 자료에 눌려 상담의 마음이 흐려지는 순간을 줄이고, 고객에게 더 집중할 수 있도록 시간을 되돌려주는 일.

나는 이 책이 그 역할을 해주길 바랐다. 이 책을 쓰는 동안 내 마음속에는 한 장면이 자주 떠올랐다. 현장에서 묵묵히 일하는 설계사 한 분이, 밤 12시에 사무실 불을 끄며 "오늘도 하루를 겨우 마무리했다"고 말하던 모습이다.

그분의 하루가 조금이라도 가벼워지면 좋겠다는 마음이 이 책의 첫 문장부터 마지막 문장까지 이어져 있었다.

그리고 이 책은 결코 나 혼자 만든 책이 아니다. 현장에서 함께 울고 웃어온 보험가족들이 있었다. 때로는 선배로, 때로는 동료로, 때로는 제자로 내 곁에서 같은 길을 걸어준 분들이다. 내가 흔들릴 때마다 "그 길이 맞다"고 등을 두드려준 마음들이 이 책의 뼈대가 되어주었다. 그 모든 인연에 진심으로 감사드린다.

또한 이 책이 한 권의 책으로 세상에 나올 수 있도록 기획부터 편집, 구성, 제작까지 정성을 다해준 재노북스에도 깊이 감사드린다. 특히 책의 방향이 흔들리지 않도록 끝까지 함께 고민해준 윤서아 편집장과 보이지 않는 자리에서 책을 완성해준 모든 분들의 손길을 나는 잊지 못할 것이다.

한 권의 책은 결국 많은 사람의 마음이 모여 만들어진다는 사실을 이번 작업을 통해 다시 배웠다. 이 책은 '끝'이 아니라 '시작'이다. 여기에서 익힌 작은 습관 하나가 당신의 하루를 바꾸고, 상담을 바꾸고, 관계를 바꾸길 바란다.

AI를 잘 쓰는 설계사가 되는 것보다 더 중요한 것은 설계사답게 일할 수 있는 에너지를 지키는 것이다. 그리고 그 에너지는 결국 고객에게 전달된다. 오늘도 각자의 자리에서, 각자의 방식으로 누군가의 삶을 지켜주는 일을 하고 있는 모든 보험가족들에게 진심으로 응원의 마음을 보낸다.

AI를 쓸 줄 아는 당신의 하루가 조금 덜 지치고, 조금 더 따뜻해지길 바란다.

조대수 드림

색인

색인

색인

✽ 소중한 서평을 기다려요!

이 책이 여러분의 마음에 작은 울림이라도 남겼다면,
그 소중한 감상을 나눠주세요.

매월 우수후기를 선정하여 재노북스 도서 중
원하시는 책 1권을 선물로 보내드립니다!

작가사인회와 신간세미나에 초대권을 보내드립니다.

✽ 서평 이벤트 참여 방법

❶ 재노북스 책을 읽고 여러분의 진솔한 이야기를 블로그나 SNS, 온라인 서점에 올려주세요.
❷ SNS에 올리신 서평링크를 재노북스 톡채널로 보내주세요.

Ch 재노북스

이 책이 여러분의 마음에 작은 울림이라도 남겼다면,
그 소중한 서평을 보내주세요

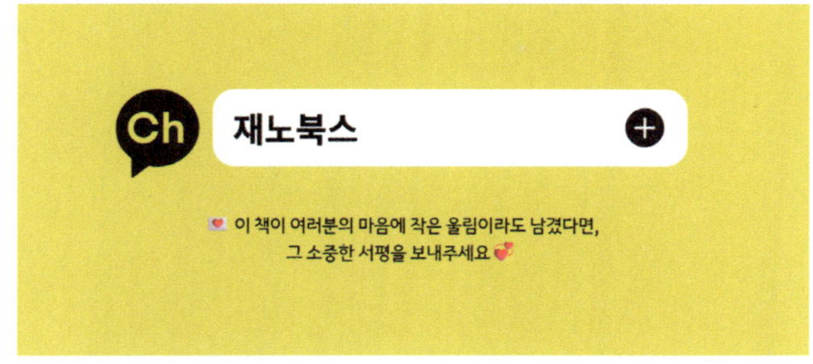

카카오톡 채널 추가하는 방법
카톡 상단 검색창 클릭 → QR코드 스캔 → 채널 추가

kakaotalk